O LIVRO DA SERENIDADE

Livros da autora publicados pela **L&PM** EDITORES:

Pequena filosofia da manhã
Pequena filosofia da paz interior

O LIVRO DA SERENIDADE

Organizado por Catherine Rambert

AFORISMOS

ARISTÓTELES / SÊNECA / RILKE
SCHOPENHAUER / NIETZSCHE
EPICURO / MONTAIGNE / LAO-TSÉ
GRACIÁN / ESOPO / KHALIL GIBRAN
CONFÚCIO / OSCAR WILDE

Tradução de Julia da Rosa Simões

L&PM EDITORES

Texto de acordo com a nova ortografia.
Título original: *Le livre de la sérénité*

Tradução: Julia da Rosa Simões
Capa: Ivan Pinheiro Machado. *Ilustração*: iStock
Preparação: Marianne Scholze
Revisão: Simone Diefenbach

CIP-Brasil. Catalogação na publicação
Sindicato Nacional dos Editores de Livros, RJ.

L761

O livro da serenidade: aforismos / organizado por Catherine Rambert; tradução Julia da Rosa Simões. – 1. ed. – Porto Alegre [RS]: L&PM, 2019.
256 p. ; 21 cm.

Tradução de: *Le livre de la sérénité*
ISBN 978-85-254-3727-3

1. Conduta. 2. Felicidade. 3. Quietude. I. Rambert, Catherine. II. Simões, Julia da Rosa.

18-48474 CDD: 158.1
CDU: 159.947

Meri Gleice Rodrigues de Souza - Bibliotecária CRB-7/6439

© Edition°1, 1999

Todos os direitos desta edição reservados a L&PM Editores
Rua Comendador Coruja, 314, loja 9 – Floresta – 90.220-180
Porto Alegre – RS – Brasil / Fone: 51.3225.5777

PEDIDOS & DEPTO. COMERCIAL: vendas@lpm.com.br
FALE CONOSCO: info@lpm.com.br
www.lpm.com.br

Impresso no Brasil
Outono de 2019

Para minha mãe, que tanto acreditou na felicidade.

E para Christophe, é claro.

"Vou esperá-lo para sempre.
E assim o encontrarei."

Le rendez-vous, Justine Lévy

"Agitamo-nos sem parar, mas o importante
é dar um sentido à vida."

André Téchiné

Sumário

Introdução: Sobre a serenidade 13

Primeira parte: A arte de estar sereno

1. *Viver em harmonia consigo mesmo* 17
   Tomar consciência 21
   Aprender a relativizar 23
   Decidir ser feliz 24
2. *Da simplicidade* 27
   A arte de manter a simplicidade 28
   Saber apreciar as pequenas felicidades 32
   Viver sem afetação 34
   Como viver feliz segundo Sêneca 38
3. *Serenidade, um estado de espírito* 40
   Aceitar as coisas como elas são 41
   Ver o lado bom das coisas 43
   Acreditar em si mesmo 45
4. *Saber doar* 49
   Aprender a receber 53
5. *Da sabedoria de renunciar* 54
   Aceitar 57
6. *Aceitar o tempo que passa* 59
   O calendário dos dias propícios e dos dias nefastos
   segundo Hesíodo 64
7. *Saber corrigir seus erros* 67
8. *Escolher* 70
   Não ter arrependimentos 72

SEGUNDA PARTE: Viver serenamente com os outros

1. *O amor* 77
   Da necessidade de amar 77
   Da variação dos sentimentos 80
2. *A amizade* 84
   Ter um amigo 85
   Não descuidar dos amigos 87
   Desconfiar dos falsos amigos 89
   A amizade segundo Montaigne 92
3. *Compreender os outros* 94
   Da tolerância 98
4. *A vida em sociedade* 102
   A vida em sociedade segundo La Bruyère 106
5. *A família* 109

TERCEIRA PARTE: A serenidade segundo a sabedoria chinesa

A lei da natureza 113
Os comportamentos humanos 117
A sabedoria interior 133

QUARTA PARTE: Manter a serenidade em meio à adversidade

1. *Aprender a enfrentar as dificuldades* 143
2. *Dominar seus medos* 147
3. *Superar o infortúnio e a tristeza* 149
4. *Aceitar a morte* 153
   Conhecer a morte 154
   A morte dos que queremos bem 159
5. *Fugir dos conflitos* 161
6. *Evitar a maldade, a vulgaridade e a traição* 163
   Da maldade 163
   Da vulgaridade 167
   Da traição 167
7. *Proteger-se do ciúme* 170

8. *Saber perdoar e esquecer* 174
   Renunciar à vingança 175
9. *Ter consciência da fragilidade das coisas* 176

Quinta parte: Os aliados da serenidade

Da aceitação 181
Da abnegação 182
Amar a si mesmo 184
Da calma 189
Da utilidade de manter a calma 195
Da confiança 196
Do conhecimento de si 198
Da consciência 203
Da coragem 205
Não ser cínico ou saber maravilhar-se 209
Da alegria 210
Da generosidade e da bondade 214
Do bom humor 216
Da modéstia e da moderação 218
Do prazer 220
Da cortesia 223
Da prudência 224
Da saúde 227
Suportar a doença 230
As regras para fortalecer a saúde segundo Schopenhauer 230
Da sabedoria 232
Os preceitos do homem sábio segundo Sêneca 237
Da serenidade 238
Do silêncio 240
Da sinceridade 241
Do tempo presente 243

Notas biográficas 249

Introdução

Sobre a serenidade

Catherine Rambert

"Temos um único dever, ser felizes", escreveu Diderot. Mas quem de fato sabe o que significa "ser feliz"? Será o estado de bem-estar inapreensível que às vezes pensamos ter alcançado e que nos escapa um segundo depois, para voltar quando menos esperamos? Será a emoção que brota não se sabe de onde e nos invade sem que saibamos de fato por quê? O sentimento de plenitude? A sucessão de pequenas alegrias? Ou apenas a consciência de, no fundo, não sermos tão infelizes?

E se estar feliz fosse o mesmo que estar sereno? Segundo a definição do dicionário *Larousse*, a serenidade é um estado de calma decorrente de uma paz moral imperturbável. Poderíamos acrescentar, sem incorrer em erro, que a serenidade é o resultado da aceitação das coisas e dos acontecimentos. É uma tomada de consciência. Satisfazer-se com o que se tem, submeter-se ao próprio destino e aproveitá-lo da melhor maneira possível é viver com serenidade. "Não peça para que as coisas aconteçam da maneira que você quer. Deseje que aconteçam da maneira que elas precisam acontecer e você será feliz", resumiu Epicteto, que foi um escravo – um escravo maltratado, ainda por cima –, mas feliz com seu destino.

A serenidade, conforme se verá nos escritos dos filósofos reunidos neste livro, é uma busca e um esforço constantes. Todos aspiramos à serenidade, apesar das dificuldades e dos imprevistos do cotidiano. Pois a serenidade, bem sabemos, é uma forma de felicidade. Mas não apenas isso.

Como uma árvore que precisa de água e atenção para se desenvolver, a serenidade precisa ser preservada, cultivada, merecida.

Foi isso que ensinaram os filósofos e os pensadores que há séculos também a procuraram. Lendo ou relendo seus escritos, descobrimos que a busca pela felicidade é a mesma desde sempre. As regras e os preceitos aqui colecionados têm uma impressionante atualidade. Eles são como os conselhos de uma avó, cheios de sabedoria e serenidade.

Gracián, Sêneca, Epicuro, Esopo, Confúcio, Lao-Tsé, Pascal, Marco Aurélio, La Rochefoucauld, Chamfort, Madame du Châtelet, Rainer Maria Rilke, Oscar Wilde, bem como Antoine de Saint-Exupéry, Alain ou Giono, fazem eco a nossas preocupações. Máximas, reflexões sobre o tempo que passa e o sentido da vida, pensamentos iluminadores se encadeiam para nos fazer alcançar o que poderia ser esse estado de felicidade que chamamos de serenidade. Com eles, descobrimos que a serenidade – como a felicidade, aliás – é acima de tudo um estado de espírito – "sou feliz porque decidi ser feliz". Com eles, cada um pode encontrar suas próprias regras de vida, conforme seus desejos, dúvidas e necessidades. Depois de ler e reler as palavras aqui reunidas, algumas muito antigas, tomamos consciência de que seus autores, apesar da sabedoria, viveram tormentos e inquietudes muito semelhantes aos nossos. Cabe a cada um de nós aplicar ou não esses preceitos cuja simplicidade é tão marcante quanto a serenidade que difundem. Ter este livro em mãos já é estar sereno.

PRIMEIRA PARTE

A ARTE DE ESTAR SERENO

1

VIVER EM HARMONIA CONSIGO MESMO

"O maior segredo da felicidade é estar bem consigo mesmo", escreveu Fontenelle no século XVII. Poderíamos dizer o mesmo a respeito da serenidade. Os sábios gregos e romanos da Antiguidade, em especial os estoicos, entenderam isso muito bem e disseram exatamente a mesma coisa, à sua maneira, ao afirmar que a felicidade, e, portanto, a serenidade, nada mais é que uma tomada de consciência, um estado de bem-estar proporcionado pela aceitação das coisas do jeito que elas são. Para ser feliz, portanto, basta decidir sê-lo, nada mais. Satisfaça-se com pouco, não deseje nada, em suma, e você conhecerá a felicidade. Essa poderia ser a filosofia da felicidade.

Hoje, essa ideia pode parecer bastante abstrata e austera, pois vivemos numa época em que o ter e o parecer se tornaram dogmas e em que tudo parece repousar na aparência, no superficial, na ilusão. Como se a felicidade, nos dias atuais, se resumisse a querer sempre mais: mais dinheiro, mais reconhecimento, mais tempo, mais férias, mais tudo... Assim, as dificuldades, os problemas financeiros e outras mil pequenas questões cotidianas que permeiam nossas vidas parecem-nos obstáculos à felicidade. Por um lado, não temos bens suficientes, por outro, temos preocupações demais... Exigimos sempre mais, estabelecemos cada vez mais condições...

A felicidade, graças a Deus, não é tão exigente. Ela se contenta com pouco. É um grande silêncio que só se revela na quietude e nas pequenas coisas. É um raio de sol que se esgueira pelo vão de uma porta, um livro aberto, uma xícara de café fumegante, um menino que brinca e uma rua deserta. Ela consiste em abrir os olhos e enxergar. Em estar aqui e agora. Só isso. Em harmonia consigo mesmo.

"O objetivo da vida é o desenvolvimento pessoal. Alcançar uma perfeita realização da própria natureza – é para isso que estamos todos aqui."

Oscar Wilde, *Aforismos*

"Aquele que atinge seu ideal o supera."

Nietzsche, *Além do bem e do mal*

"Quanto tempo ainda levarás para te julgar digno do que há de melhor e para respeitar o que decide a razão?"

Epicteto, *Manual de Epicteto*

"Atém-te ao que te parece melhor, como se Deus tivesse te designado para isso. Lembra-te de que, se perseverares, os mesmos que antes zombavam de ti mais tarde te admirarão. Se te deixares abater, porém, te tornarás duplamente ridículo."

Epicteto, *Manual de Epicteto*

"O grande segredo da vida é atribuir-se um objetivo digno e nunca perdê-lo de vista."

Cristina da Suécia, *Máximas*

"Se cumprires a tarefa presente obedecendo à reta razão, com zelo, energia e boa vontade, sem misturá-la a qualquer assunto acessório; se velares a que teu gênio interior seja sempre mantido puro, como se precisasses reconstituí-lo neste instante; se juntares essa obrigação ao preceito de nada esperar e de nada se esquivar; se te contentares, em tua tarefa atual, a agir em conformidade com a natureza e, naquilo que dizes e fazes ouvir, a falar segundo a heroica verdade, viverás feliz. E ninguém poderá impedir-te."

Marco Aurélio, *Meditações*

"O homem feliz é aquele que atribuiu a si mesmo um bom quinhão, e um bom quinhão são as boas orientações da alma, as boas tendências, as boas ações."

Marco Aurélio, *Meditações*

"Ser feliz, portanto, é ter o julgamento reto; ser feliz é contentar-se com seu destino, seja ele qual for, e amar o que se tem; ser feliz é deixar à razão o cuidado de dar seu preço a tudo o que constitui nossa existência."

Sêneca, *Da felicidade*

"Podemos chamar de feliz aquele que não tem nem desejo nem temor, graças à razão."

Sêneca, *Da felicidade*

"Quanto menos condições impusermos, maiores serão nossas chances de felicidade."

Robert Holden, *Vivre merveilleusement*

"A felicidade é uma alma livre, elevada, intrépida, constante, inacessível ao temor e ao desejo, para a qual o único bem é a moralidade, o único mal, o aviltamento, e todo o resto, um conjunto de coisas incapazes de retirar ou acrescentar algo à felicidade, indo e vindo sem aumentar ou diminuir o soberano bem. Um princípio tão solidamente estabelecido levará necessariamente, querendo-se ou não, a uma alegria contínua, uma alegria profunda que vem do fundo do ser, pois ela tira sua felicidade do que tem e não deseja nada além do que encontra em si."

Sêneca, *Da felicidade*

"Um dos maiores segredos da felicidade consiste em moderarmos nossos desejos e em amarmos as coisas que temos. A natureza, que sempre tem nossa felicidade como objetivo (por natureza, entendo tudo o que é instintivo e livre do exercício da razão), a natureza, repito, só nos dá desejos de acordo com nossa condição; [...] Cabe a nosso espírito e a nossas reflexões fortalecer essa sábia sobriedade da natureza; só somos felizes com desejos satisfeitos; devemos, portanto, permitir-nos desejar apenas as coisas que podemos obter sem muito esforço e trabalho, e é aí que podemos fazer muito por nossa felicidade. Amar o que temos, saber aproveitá-lo, saborear as vantagens de nossa condição, não olhar demais para aqueles que parecem mais felizes, dedicar-nos a aperfeiçoar o que é nosso e tirar o melhor proveito de nossas coisas, isso é que devemos chamar de felicidade; e penso chegar a uma boa definição dizendo que o mais feliz dos homens é aquele que menos deseja mudar sua condição."

Madame du Châtelet, *Discurso sobre a felicidade*

"Aquele que se dispõe à tranquilidade da alma deve se encarregar de poucas coisas, tanto privadamente quanto a título de cidadão; ele não deve empreender aquilo que ultrapassa suas forças e sua natureza; deve se manter atento, a fim de poder negligenciar a própria fortuna quando ela lhe é hostil ou quando parece atraí-lo de maneira irresistível; por fim, ele só deve se apegar ao que não está acima de suas forças; o fardo que nossos ombros suportam deve ser mais leve do que fácil de carregar."

Demócrito, *Fragmentos*

"Paz e tranquilidade, eis a felicidade."

Provérbio chinês

Tomar consciência

"O homem que olha para o horizonte não vê a campina diante de si."
Provérbio indiano

"Há momentos em que é preciso escolher entre viver a própria vida de maneira plena, inteira, completa, ou prolongar a existência degradante, vazia e falsa que o mundo, em sua hipocrisia, nos impõe."
Oscar Wilde, *Aforismos*

"Nunca somos tão felizes nem tão infelizes quanto pensamos."
La Rochefoucauld, *Reflexões ou sentenças e máximas morais*

"O essencial para o bem-estar é a saúde e, depois, os meios necessários para nossa conservação, ou seja, uma vida livre de preocupações. A honra, o brilho, a grandeza, a glória, qualquer que seja o valor que lhes atribuamos, não podem competir com esses bens essenciais nem substituí-los; muito pelo contrário, se fosse o caso, não hesitaríamos um instante sequer em abrir mão deles. Portanto, será muito útil para nossa felicidade conhecer a tempo o fato tão simples de que cada um vive primeiro e de fato na própria pele e não na opinião dos outros, e nesse caso, naturalmente, nossa condição real e pessoal, tal como determinada pela saúde, pelo temperamento, pelas faculdades intelectuais, pela renda, pela mulher, pelos filhos, pela casa etc., será cem vezes mais importante para nossa felicidade do que aquilo que os outros pensam de nós. A ilusão, ao contrário, traz infelicidade."
Schopenhauer, *Aforismos para a sabedoria de vida*

"Todo homem que se acredita feliz o é."
Cristina da Suécia, *Máximas*

"Saber viver hoje é o verdadeiro saber."
Gracián, *A arte da prudência*

"Viver é a coisa mais rara do mundo. A maioria das pessoas apenas existe."

Oscar Wilde, *Aforismos*

"Todo ser animado é naturalmente levado a fugir e a se afastar daquilo que lhe parece um mal, e daquilo que o causa, e a buscar e a se apaixonar por aquilo que lhe parece um bem, e por aquilo que o proporciona. É impossível, portanto, para aquele que se acredita lesado, amar aquele que o parece lesar, assim como lhe é impossível amar o prejuízo em si."

Epicteto, *Manual de Epicteto*

"Temos um único dever, sermos felizes."

Diderot, *Entretiens*

"A felicidade vem da atenção às pequenas coisas e a infelicidade, da negligência pelas pequenas coisas."

Liu-Hiang

"A arte de ser feliz
Existem regras para a felicidade e, aos olhos do sábio, nem sempre ela acontece por acaso; a engenhosidade pode ajudar. Alguns se contentam em se manter às portas da fortuna, com boa postura, esperando que ela se abra para eles. Outros fazem mais, chegam mais longe, graças a ousadias e méritos, e cedo ou tarde alcançam a fortuna, de tanto cortejá-la. No entanto, pensando bem, os únicos árbitros são a virtude e o empenho; pois, assim como a imprudência é a fonte de todas as desgraças da vida, a prudência constitui toda a sua felicidade."

Gracián, *A arte da prudência*

Aprender a relativizar

"Para viver, deixe viver."

Gracián, *A arte da prudência*

"Não fazer um problema daquilo que não é um problema. Assim como há pessoas que não se incomodam com nada, outras se incomodam com tudo, falam sempre como se fossem ministros de Estado. Levam tudo ao pé da letra ou veem mistério em tudo. Das coisas que causam pesar, poucas devem ser levadas em conta, caso contrário nos atormentaremos em vão. É um contrassenso levar a peito aquilo para o qual se deve virar as costas. Muitas coisas que tinham alguma consequência não deram em nada porque ninguém se preocupou com elas; e outras, que não eram nada, se tornaram importantes por terem feito grande caso delas. No início, é fácil chegar ao fim de tudo; mais tarde, não. Com muita frequência o mal vem do próprio remédio. Não é a pior regra da vida, portanto, deixar as coisas seguirem seu curso."

Gracián, *A arte da prudência*

"O que distingue o homem de bem? A submissão ao próprio destino."

Sêneca, *Sobre a providência*

"A felicidade não é coisa fácil: é muito difícil encontrá-la em nós e impossível encontrá-la em outro lugar."

Chamfort, *Máximas e pensamentos*

"Todos os tolos são inflexíveis e todos os inflexíveis são tolos. Quanto mais têm sentimentos errôneos, menos os abandonam."

Gracián, *A arte da prudência*

Decidir ser feliz

E se bastasse querer ser feliz para tornar-se feliz, aqui e agora? Como as boas resoluções que fazemos a cada início de ano, podemos decidir nos tornar os artesãos de nossa felicidade, aqui e agora. Pois "a felicidade está em nós mesmos", lembra um provérbio latino. Então tomemos a resolução de fazer do dia que começa um dia exitoso, quaisquer que sejam os acontecimentos ou os imprevistos que sobrevenham. Ela passa por coisas muito simples como colocar um sorriso no rosto, ser um pouco mais paciente, um pouco mais calmo, um pouco mais indulgente. Mas também não se deixar envenenar mais do que o necessário pelos pequenos aborrecimentos do cotidiano. Lembre-se de que as coisas adquirem a importância que damos a elas e que só depende de nós trazê-las a seu justo valor.

"O esforço que fazemos para sermos felizes nunca se perde."

Alain, *Considerações sobre a felicidade*

"A felicidade é buscar por ela."

Jules Renard, *Journal*

"Sê feliz um instante, esse instante é tua vida."

Khayyam, *Rubaiyat*

"Atormentamo-nos menos para nos tornarmos felizes do que para fazer os outros acreditarem que o somos."

La Rochefoucauld, *Reflexões ou sentenças e máximas morais*

"Ama o pequeno ofício que aprendeste e contenta-te com ele."

Marco Aurélio, *Meditações*

"Viver com imensa e orgulhosa serenidade, sempre além... Apaixonar-se por vontade própria ou contra ela, ou não se apaixonar, condescender com as paixões por algumas horas, montá-las como cavalos, como asnos, pois devemos saber utilizar tanto sua estupidez quanto seu ardor. Conservar as trezentas superficialidades que se tem, conservar também os óculos escuros, pois em certos casos ninguém deve poder ver nossos olhos, e menos ainda perscrutar nosso interior. E viver na sociedade desse vício irônico e alegre, a cortesia. E permanecer senhor de suas quatro virtudes: coragem, lucidez, intuição, solidão."

Nietzsche, *Além do bem e do mal*

"A atividade é indispensável à felicidade; o homem precisa agir, fazer alguma coisa se possível ou, no mínimo, aprender alguma coisa; suas forças exigem emprego e ele mesmo não quer mais que vê-las produzir algum resultado. Desse ponto de vista, sua maior satisfação consiste em fazer algo, em confeccionar alguma coisa, cesto ou livro; mas o que propicia felicidade imediata é ver, dia a dia, sua obra crescer sob suas mãos e vê-la chegar à perfeição. Uma obra de arte, um escrito ou até uma simples obra manual produzem todo esse efeito; claro que, quanto mais nobre é a natureza do trabalho, mais o prazer é elevado."

Schopenhauer, *Aforismos para a sabedoria de vida*

2

DA SIMPLICIDADE

Ser fiel a si mesmo, não se encher de enfeites e falsos semblantes, ousar dizer o que se é, afirmar com suavidade e firmeza o que se pensa e em que se acredita, não tentar parecer, nem mascarar, nem fingir, seguir a própria verdade... Essa é a regra de conduta que cada um de nós deveria adotar na própria vida. Não há nada mais agradável, lembram os filósofos, do que viver em harmonia consigo mesmo. Seguir sempre "pelo caminho mais curto", como disse Marco Aurélio, é uma necessidade.

Sempre nos sentimos mais felizes e mais serenos quando conseguimos agir ou falar com simplicidade. Ficamos mais "leves". Em harmonia com nós mesmos. Não é paradoxal, aliás, constatar que hoje é preciso certa coragem – sim, coragem, enquanto deveria ser a regra! – para manter a simplicidade? "A simplicidade, que deveria ser uma qualidade natural, muitas vezes precisa de estudo para ser adquirida", escreveu La Rochefoucauld.

O mesmo acontece em sociedade ou entre amigos. Muitas vezes, assim que somos confrontados com o olhar de outra pessoa, a tentação de vestir as roupas de uma personagem que não é de fato a nossa se manifesta com força. É verdade que o teatro social ordena que avancemos mascarados. Por outro lado, não é certo que essas pequenas encenações enganem os outros. A simplicidade consiste em não condicionar a felicidade à posse de bens materiais: uma bela casa, um carro e dinheiro são coisas muito agradáveis – ninguém pensaria em negá-lo –, mas, de tanto persegui-las, corremos o risco de nos perder e de passar ao largo daquilo que somos.

A ARTE DE MANTER A SIMPLICIDADE

"Desejo

Siga tranquilamente em meio ao barulho e à pressa, e lembre-se da paz que pode existir no silêncio. Sem alienação, viva o máximo possível em bons termos com todas as pessoas. Expresse suavemente e com clareza sua verdade; e dê ouvidos aos outros, mesmo ao simples de espírito e ao ignorante; eles também têm uma história. Evite os indivíduos ruidosos e agressivos, eles são uma opressão para o espírito. Não se compare a ninguém: correria o risco de se tornar vazio ou vaidoso. Sempre haverá alguém maior e alguém menor que você. Usufrua de seus projetos tanto quanto de suas realizações. Esteja sempre interessado em sua carreira, por mais modesta que seja; em meio às prosperidades cambiantes do tempo, ela é uma verdadeira posse. Seja prudente nos negócios, pois o mundo está cheio de falsidade. Mas não seja cego a respeito da virtude; vários indivíduos buscam os grandes ideais, e em toda parte a vida está cheia de heroísmo. Seja você mesmo. Acima de tudo, não finja amizade. Tampouco seja cínico no amor, pois mesmo diante da esterilidade e do desencanto ele é tão eterno quanto a grama. Aceite com bondade o conselho dos anos, renunciando com graça à juventude. Fortaleça seu espírito para se proteger em caso de infelicidade súbita. Mas não se entristeça com suas fantasias. Muitos medos nascem do cansaço e da solidão. Para além de uma disciplina saudável, seja gentil consigo mesmo. Você é um filho do universo, tanto quanto as árvores e as estrelas; você tem o direito de estar aqui. E, quer tenha clareza sobre isso ou não, o universo se desenvolve do jeito que deveria. Fique em paz com Deus, qualquer que seja sua concepção a respeito dele e quaisquer que sejam suas obras e seus sonhos: conserve em meio à ruidosa confusão da vida a paz na alma. Mesmo com todas as perfídias, os trabalhos fastidiosos e os sonhos rompidos, o mundo ainda é belo. Preste atenção. Trate de ser feliz."

Encontrado numa igreja de Baltimore, em 1692. Anônimo

"Cuida para não te cesarizar, para não te apresentar sob essa luz, pois é isso que acontece. Mantém-te simples, bom, puro, digno, natural, amigo da justiça, piedoso, bondoso, terno, decidido na prática de teus deveres. Luta para permanecer tal como a filosofia quis te formar. Reverencia os deuses, ajuda os homens. A vida é curta. O único fruto da existência sobre a terra é uma sagrada disposição e ações úteis à comunidade. Em tudo, mostra-te discípulo de Antonino. Pensa em seu esforço constante para agir de acordo com a razão, em sua equanimidade de alma em todas as circunstâncias, em sua piedade, na serenidade de seu rosto, em sua mansuetude, em seu desprezo pela glória vã, em seu ardor para penetrar os negócios. Pensa também na maneira como ele não deixava absolutamente nada passar sem examinar a fundo e ter compreendido com clareza, na maneira como suportava as críticas injustas sem responder a elas com outras críticas, na maneira como abordava todas as coisas sem precipitação, na maneira como repelia a calúnia, na maneira como se informava meticulosamente sobre as características e as atividades. Sem insolência, sem timidez, sem desconfiança, sem pose. Pensa em como ele se contentava com pouco para sua casa, por exemplo, para sua cama, sua roupa, sua comida, seu serviço doméstico; como ele era esforçado e paciente, capaz de trabalhar até a noite na mesma tarefa, graças à simplicidade de seu regime de vida, sem precisar evacuar os resíduos dos alimentos fora da hora habitual. Pensa ainda na solidez e na constância de suas amizades, em sua tolerância por aqueles que francamente contradiziam seus conselhos, em sua alegria quando alguém lhe mostrava uma solução melhor, em seu espírito religioso sem superstição, a fim de que tua última hora te surpreenda com uma consciência tão pura quanto a que ele tinha."

Marco Aurélio, *Meditações*

"A cada instante, ocupa-te de fazer o que tens nas mãos, enquanto romano e enquanto homem, com firmeza, rigor, simplicidade, gravidade, caridade, liberdade e justiça, e dedica todo o teu tempo a isso sem te preocupar com o resto. Conseguirás fazê-lo se realizares cada ação de tua vida como se fosse a última, sem traço de leviandade e recusa ao império da razão, sem hipocrisia, egoísmo e qualquer ressentimento por teu destino. Vê que há poucos princípios a serem dominados para levares uma vida feliz e piedosa. Se os respeitares, os deuses não te pedirão mais nada."

Marco Aurélio, *Meditações*

"Vai sempre pelo caminho mais curto, que é aquele que segue a natureza. É por isso que deves agir e falar da maneira mais natural possível, em tudo. Tal linha de conduta te livrará da ênfase, do exagero e do estilo alterado e artificial."

Marco Aurélio, *Meditações*

"Padeceste mil males porque não te contentaste com que tua faculdade diretriz se conformasse ao papel para o qual ela foi constituída. Mas ela é suficiente!"

Marco Aurélio, *Meditações*

"Uma vida feliz é aquela que está de acordo com sua própria natureza. Só podemos alcançá-la quando, em primeiro lugar, a alma é saudável e tem a posse perpétua desse estado de saúde, depois, quando ela é corajosa e enérgica, a seguir, quando é bela e paciente, pronta para qualquer acontecimento, cuidadosa mas sem preocupações com o corpo e com o que o concerne, industriosa para conseguir obter outras vantagens que ornam a vida, mas sem admirá-las, pronta a fazer uso dos dons da fortuna, mas não a sujeitar-se a eles."

Sêneca, *Da felicidade*

"É preciso, para ser feliz, se desfazer dos preconceitos, ser virtuoso, portar-se bem, ter gostos e paixões, ser suscetível a ilusões, pois devemos a maior parte de nossos prazeres à ilusão e infeliz é aquele que a perde. Portanto, longe de tentar fazê-la desaparecer com a chama da razão, tratemos de espessar o verniz que ela coloca sobre a maioria dos objetos; ele é ainda mais necessário a nossos corpos do que os cuidados e as vestimentas.

É preciso começar por dizer a si mesmo e por convencer-se de que não temos que fazer algo neste mundo além de nos proporcionarmos sensações e sentimentos agradáveis. Os moralistas que dizem aos homens 'reprimam as paixões e controlem os desejos, se quiserem ser felizes' não conhecem o caminho da felicidade. Só nos tornamos felizes com a satisfação dos gostos e das paixões."

Madame du Châtelet, *Discurso sobre a felicidade*

"Vi homens que só eram dotados de uma razão simples e reta, sem grande visão e sem espírito muito elevado, e essa razão simples era suficiente para fazê-los colocar no devido lugar as vaidades e as tolices humanas, para dar-lhes o sentimento de sua dignidade pessoal, para fazê-los apreciar esse mesmo sentimento nos outros. Vi mulheres mais ou menos na mesma situação, que por um sentimento verdadeiro, em boa hora, haviam sido colocadas no mesmo nível de ideias. Segue-se dessas duas observações que aqueles que atribuem um grande valor às vaidades e às tolices humanas pertencem à última classe de nossa espécie."

Chamfort, *Máximas e pensamentos*

"Limita teus desejos pelas coisas deste mundo e vive satisfeito.
Desprende-te dos entraves do bem e do mal deste mundo.
Pega a taça e brinca com os cachos da amada, pois, rapidamente,
Tudo passa... e quantos dias nos restam?"

Khayyam, *Rubaiyat*

"Preferimos no mundo um cantinho e dois pães,
E nos desprendemos do desejo, de sua fortuna, de sua magnificência.
Adquirimos a pobreza com nosso coração e nossa alma;
Descobrimos, na pobreza, grandes riquezas."

Khayyam, *Rubaiyat*

"O bom não teme ser de condição modesta."

Provérbio chinês

"Aquele que conhece os limites da vida sabe que é fácil obter o que suprime o sofrimento causado pela necessidade e o que leva a vida inteira à perfeição; de modo que ele não precisa absolutamente das situações de confronto."

Epicuro, *Máximas capitais*

"A todos os desejos é preciso fazer a seguinte pergunta: o que acontecerá se aquilo que meu desejo tenta alcançar se realizar e o que acontecerá se não se realizar?"

Epicuro, *Sentenças vaticanas*

"Para o corpo, utiliza apenas o que é de estrita necessidade, seja comida, bebida, vestimenta, moradia ou domesticidade. Tudo o que parece ostentação e luxo, apaga-o."

Epicteto, *Manual de Epicteto*

Saber apreciar as pequenas felicidades

Sabe-se que a felicidade é feita de pequenas coisas, de instantes mágicos em que o tempo parece suspenso: silêncios eloquentes, momentos de fraternidade simples em que alguma coisa imaterial e, no entanto, bastante real acontece. São segundos, às vezes minutos, voláteis e frágeis, que precisam ser captados e nos quais não há nada a ser dito, apenas estar presente e ter consciência da harmonia perfeita com o ambiente. Sem a necessidade de sensações fortes ou de longos discursos. Momentos em que basta parar e ouvir, que acontecem aqui e agora, não depois. Saber reconhecer uma pequena felicidade é uma grande fonte de tranquilidade e satisfação. É dar um passo rumo à serenidade.

"Quando você não está com dor nos pés, na barriga ou na cabeça, quando os compromissos se sucedem ao longo do dia e a ponte, ou o livro, ou o par de sapatos em que você está trabalhando começa a tomar forma. Quando ainda por cima o tempo está bom e o carteiro deixa na sua caixa a carta de um amigo, não procure, é porque a festa da vida está no auge."

Georges L. Godeau, *Votre vie m'intéresse*

"Ele se sentia simplesmente integrado ao todo, ligado à ordem dos seres e das coisas, tanto pelo espírito quanto pela carne."

Nicholas Evans, *O encantador de cavalos*

"Quando a família estava reunida à mesa e a sopeira fumegava, mamãe às vezes dizia:
– Parem um pouco de beber e falar.
Obedecíamos. Nos olhávamos sem entender, achando aquilo engraçado.
– É para que pensem na felicidade – ela acrescentava.
Perdíamos a vontade de rir."

Félix Leclerc, *Pieds nus dans l'aube*

"Aprendi a cantar indo à escola:
Crianças alegres adoram uma canção!
Elas cantam ao passarinho frajola;
À nuvem e ao vento sua voz decola,
Leve, orgulhosa de saber a lição."

Marceline Desbordes-Valmore, "La fileuse et l'enfant"

"Aquele que não é capaz de ser feliz com a simplicidade raras vezes conseguirá sê-lo, sobretudo de maneira durável, com a extrema beleza."

Giono, *La Chasse au bonheur*

"Apaga a imaginação. Cessa a agitação de marionete. Circunscreve o momento atual. Compreende o que acontece, a ti ou ao outro. Distingue e analisa, no objeto que te ocupa, sua causa e sua matéria. Pensa em tua última hora. O erro que aquele homem cometeu, deixa-o onde o erro está."

Marco Aurélio, *Meditações*

"Que haja riso na doçura da amizade e um compartilhamento de prazeres.
Pois é no orvalho de coisas modestas que o coração encontra sua manhã e seu frescor."

Gibran, *O profeta*

Viver sem afetação

"As maiores coisas devem ser ditas com simplicidade: elas se estragam com a ênfase. As pequenas devem ser ditas com nobreza: as únicas coisas que as sustentam são a expressão, o tom e a maneira."

La Bruyère, *Personagens ou costumes do século*

"Um homem que viveu em meio à intriga por certo tempo não consegue renunciar a ela: qualquer outra vida lhe será tediosa."

La Bruyère, *Personagens ou costumes do século*

"Adoro os prazeres simples. Eles são o último refúgio dos espíritos complexos."

Oscar Wilde, *O retrato de Dorian Gray*

"Vivemos numa época em que o supérfluo é nossa única necessidade."

Oscar Wilde, *Aforismos*

"Não cortejar ninguém, nem esperar de alguém que o corteje: doce situação, idade de ouro, condição do homem mais natural."

La Bruyère, *Personagens ou costumes do século*

"Em vão nos esforçamos para parecer aquilo que não somos."

Cristina da Suécia, *Máximas*

"Moderar a imaginação
   A verdadeira maneira de viver feliz e sempre ser considerado sábio é corrigir ou moderar a imaginação. Caso contrário, ela adquire um poder tirânico sobre nós e, extrapolando os limites da especulação, torna-se uma mestra tão forte que a vida se faz feliz ou infeliz dependendo das diferentes ideias que ela nos imprimir."

Gracián, *A arte da prudência*

"Todos esses bens que desejas alcançar percorrendo longos desvios, podes tê-los agora se não te recusares a ti mesmo. Quero dizer: se deixares todo o passado, se entregares o futuro à Providência e se, limitando-te apenas ao presente, tu o dirigires rumo à piedade e à justiça. Rumo à piedade, a fim de que ames a sorte que te coube, pois a natureza a destinou a ti, assim como te destinou a ela. Rumo à justiça, a fim de que livremente e sem ambiguidade digas a verdade e ajas segundo a lei e os valores das coisas. Não te deixes entravar pela malícia, pela opinião e pela palavra dos outros, nem pelas sensações desse pedaço de carne coagulada a teu redor."

Marco Aurélio, *Meditações*

"Em uma palavra, o homem reto e honesto deve se assemelhar ao homem com cheiro de bode, de maneira a que qualquer um que se aproxime logo perceba, querendo ou não, aquilo que ele é. A busca pela simplicidade é uma navalha. Não há nada mais odioso que uma amizade de lobo.* Evita esse vício acima de todos. O homem de

---

* Amizade de lobo: ódio disfarçado de amizade. (N.T.)

bem, o homem reto, bondoso, carrega essas qualidades nos olhos e elas não passam despercebidas."

Marco Aurélio, *Meditações*

"Quanto mais profundidade temos, mais homens somos. O que está dentro sempre deve valer mais do que aquilo que aparece por fora. Algumas pessoas só têm a fachada, como casas inacabadas por falta de dinheiro. A entrada parece um palácio e o quarto, um casebre. Essas pessoas nada têm sobre o que possamos nos fixar, ou melhor, tudo é fixo nelas, pois depois da primeira saudação a conversa acaba. Elas esboçam um cumprimento ao entrar, como os cavalos sicilianos fazem suas piruetas, e depois se metamorfoseiam de repente em taciturnas; pois as palavras facilmente se esgotam quando o entendimento é estéril. É-lhes fácil enganar aqueles que, como elas, só têm a aparência, mas são motivo de chacota para os homens de discernimento, que não demoram em descobrir que são vazias por dentro."

Gracián, *A arte da prudência*

"O homem que aspira à grandeza considera todos os que cruzam o seu caminho como meios, como obstáculos que o detêm ou como refúgios provisórios. Sua *bondade* aristocrática para com os outros homens, essa bondade que lhe é particular, só pode ser expressa depois de atingido o cume de onde ele domina o horizonte. Sua impaciência, a consciência que ele tem, antes de ter alcançado esse cume, de estar constantemente condenado à comédia – pois mesmo a guerra é uma comédia e esconde alguma coisa, assim como todo meio esconde um fim –, essa impaciência e essa consciência estragam todas as suas relações com os outros: esse tipo de homem conhece a solidão e todos os seus venenos."

Nietzsche, *Além do bem e do mal*

"É a natureza que devemos tomar como guia; é a ela que a razão observa, consulta. Portanto, vem a dar no mesmo viver feliz ou segundo a natureza. O que significa essa expressão? Vou explicá--la: se cuidarmos de nossas qualidades físicas e de nossas aptidões naturais com zelo e serenidade, tendo em mente que são efêmeras e fugazes, se não nos sujeitarmos a elas e não formos o joguete dos objetos externos, se as satisfações externas ao corpo estiverem para nós na mesma categoria que, num acampamento, os auxiliares e as tropas ligeiras (a quem cabe servir, e não comandar), somente então essas coisas serão úteis à alma. Não espanta que o homem que não se deixa corromper pelas coisas externas nem dominar-se por elas confie em sua energia e esteja pronto para qualquer eventualidade; que ele seja o artesão de sua vida; que sua confiança não deixe de ter alguma ciência, que sua ciência não deixe de ter alguma firmeza: que suas decisões não admitam apelação e seus decretos não tenham incorreções. Compreende-se, sem que eu precise acrescentar, que esse homem será equilibrado, regrado, de uma majestade cheia de bondade em todas as suas ações."

Sêneca, *Da felicidade*

"Tratemos de nos portar bem, de não termos preconceitos, de termos paixões, de fazermos com que elas sirvam a nossa felicidade, de substituirmos nossas paixões por gostos, de conservarmos preciosamente nossas ilusões, de sermos virtuosos, de nunca nos arrependermos, de afastarmos as ideias tristes e de nunca permitirmos que nossos corações conservem uma centelha sequer de gosto por alguém que perde o gosto e que cessa de nos amar. Devemos abandonar o amor um dia, por pouco que se envelheça, e esse dia deve ser aquele em que ele cessa de nos fazer feliz. Por fim, tentemos cultivar o gosto pelo estudo, gosto que faz nossa felicidade depender apenas de nós mesmos. Defendamo-nos da ambição e, acima de tudo, saibamos bem o que queremos ser; decidamo-nos sobre o caminho que queremos seguir em nossa vida e tratemos de semeá-lo de flores."

Madame du Châtelet, *Discurso sobre a felicidade*

Como viver feliz segundo Sêneca

Filósofo, escritor, político romano, nascido quatro anos antes de nossa era, Sêneca foi um dos grandes pensadores da filosofia estoica. Apesar dos séculos que nos separam, suas obras são de uma surpreendente atualidade. Para Sêneca, de fato, a filosofia deveria servir para "ensinar a viver", e não para fazer discursos.

Os mais céticos dirão com propriedade que Sêneca, que levava uma vida luxuosa, nem sempre colocou em prática os princípios que defendeu. O que não diminui em nada seu valor e sua atemporalidade. É por essa mesma razão, sem dúvida, que seu estoicismo às vezes parece impregnado de epicurismo. Essa mistura de gêneros confere a seus escritos sabor e humanidade. Vale a pena ler ou reler Sobre a Providência, Da tranquilidade da alma, Sobre a brevidade da vida, Da felicidade *ou* A constância do sábio *para perceber a que ponto suas preocupações e sua busca por uma vida plena estão próximas das nossas. Sêneca tinha consciência das injustiças de sua época e dos tormentos humanos, por isso seus tratados não são simplesmente teóricos mas estão baseados em reflexões concretas e práticas de que todos podem tirar proveito. Ler Sêneca pode representar tanto uma tomada de consciência quanto um banho de juventude.*

"1. A limitação só nos será agradável se tivermos, previamente, tomado o gosto por uma vida parcimoniosa (sem ela, nenhuma fortuna jamais será suficiente e todas serão sacos sem fundo), visto que, acima de tudo, o remédio está a nosso alcance e mesmo a pobreza, secundada por gostos simples, pode se transformar em riqueza.

2. Habituemo-nos a afastar toda ostentação e a avaliar as qualidades práticas das coisas, e não suas qualidades exteriores. Comamos para matar a fome, bebamos para matar a sede e reduzamos nossa vida sexual à satisfação de necessidades elementares. Aprendamos a contar com as pernas para caminhar e a regrar o vestuário e a alimentação não sobre a moda do momento, mas sobre o modelo

dos costumes antigos. Aprendamos a nos controlar melhor, a refrear os excessos, a moderar a vaidade, a acalmar a irascibilidade, a enfrentar a pobreza sem inquietude, a praticar a frugalidade: azar de todos aqueles que acharem vergonhoso satisfazer os desejos naturais com meios pouco elaborados, manter praticamente acorrentadas as esperanças que extravasam de uma alma sempre voltada para o futuro e esperar a riqueza mais de nós mesmos do que da Fortuna.

3. Por mais que tentemos nos preservar de todas as arbitrariedades dos inúmeros golpes do destino, nunca poderemos evitar a chegada das frequentes tempestades enquanto tivermos imensas frotas ao mar. Devemos restringir nosso campo de ação para que os golpes caiam no vazio; é por isso que, às vezes, um exílio e uma grande catástrofe se metamorfoseiam em remédios e graves dificuldades são apagadas por dificuldades mais suportáveis. Quando uma alma não ouve suficientemente os conselhos que lhe são dados e não pode ser curada por um método tão suave, como fazer senão submetê-la ao tratamento da pobreza, do opróbio e da ruína? O mal combate o mal. Acostumemo-nos, portanto, a jantar sem uma multidão de espectadores, a reduzir o número de escravos dos quais dependemos, a adquirir roupas para terem o uso ao qual foram destinadas e a habitarmos lugares menos espaçosos. Não é apenas nas corridas e no circo que se deve saber curvar-se, mas também na arena da vida.

4. As despesas de ordem cultural, apesar de seu caráter muito honroso, só se justificam quando moderadas. Para que servem inúmeros livros e bibliotecas quando seu proprietário apenas consegue, em toda a vida, ler os títulos? A abundância de livros esmaga aquele que quer se instruir sem instruí-lo; é claramente preferível interessar-se por um número limitado de escritores do que se perder no meio de muitos."

Sêneca, *Da tranquilidade da alma*

3

SERENIDADE, UM ESTADO DE ESPÍRITO

Você percebeu? Existem pessoas que sempre exalam felicidade: contratempos, dificuldades e problemas parecem não afetá-las. Não que estejam menos sujeitas a eles do que os outros, ou que a vida as poupe, mas porque têm a capacidade de não se deixar atingir por eles. Conseguem ver algo de positivo em todas as coisas. São as chamadas naturezas felizes, sempre prontas a sorrir, a dar de ombros e a seguir em frente com tranquilidade. Como elas fazem pouco-caso dos acontecimentos, estes se dissolvem sozinhos e não causam maiores repercussões do que as pequenas ondas causadas por uma pedra atirada numa lagoa. "Para mim, tudo é de bom augúrio, se eu quiser." Epicuro tem razão em lembrar que as coisas e os acontecimentos que nos contrariam com frequência não valem a importância que lhes atribuímos e que cabe a nós aprender com eles. Portanto, melhor ver um fracasso como uma provação rica em ensinamento do que se lamentar por ele. Um atraso, como um tempo extra para reflexão. Uma dificuldade, como um aprendizado... "Muitas pequenas derrotas podem levar a uma grande vitória", diz um provérbio chinês. Guardemos isso em mente e armemo-nos da certeza de que o melhor ainda está por vir.

Deixar passar as coisas que não têm real importância, não se angustiar com o que não vale a pena, relativizar... Ter a força interior de pensar "não é tão importante, no fim das contas" e acreditar em si. A serenidade é um pouco disso tudo ao mesmo tempo.

Aceitar as coisas como elas são

"Não peça para que as coisas aconteçam da maneira como você quer. Deseje que aconteçam da maneira como elas precisam acontecer e você será feliz."

Epicteto, *Manual de Epicteto*

"Para mim, todos os presságios serão felizes, se eu assim quiser; pois, não importa o que aconteça, depende de mim extrair-lhes algo de bom."

Epicteto, *Manual de Epicteto*

"O que move os homens não são as coisas, mas a opinião que eles têm sobre as coisas."

Epicteto, *Manual de Epicteto*

"A filosofia consiste em velar para que o gênio que reside em nós não seja ultrajado ou prejudicado e permaneça acima dos prazeres e dos sofrimentos; que não faça nada ao acaso, nem por mentira ou simulacro; que não se apegue ao que os outros fazem ou deixam de fazer. Além disso, que aceite o que acontece e o que lhe cabe como vindo do mesmo lugar de onde ele veio. Acima de tudo, que espere a morte com alma serena e veja nela algo mais que a dissolução dos elementos que compõem cada ser vivo. Se em relação a esses elementos não há nada de temível no fato de cada um se transformar continuamente em outro, por que temer a transformação de seu próprio conjunto e sua própria dissolução? Tudo é regido pela natureza; e não existe mal no que é regido pela natureza."

Marco Aurélio, *Meditações*

"Não é aquilo que as coisas são objetiva e realmente, é o que elas são para nós, em nossa percepção, que nos torna felizes ou infelizes."

Schopenhauer, *Aforismos para a sabedoria de vida*

"O homem que cultiva todos os tipos de perfeição vale, em si mesmo, por vários outros; ele torna a vida mais feliz comunicando-se com os amigos. A variedade somada à perfeição é o passatempo da vida. É uma grande habilidade saber prover-se de tudo o que é bom e, assim como a natureza fez do homem sua mais excelente obra, um resumo de todo o universo, a arte também deve fazer do espírito do homem um universo de conhecimento e virtude."

Gracián, *A arte da prudência*

"A atitude do homem para com a vida determina seu destino."

Albert Schweitzer

"A felicidade e a infelicidade dos homens não dependem menos do humor do que da fortuna."

La Rochefoucauld, *Reflexões ou sentenças e máximas morais*

"As coisas contra as quais não podemos nada, façamos com que não possam nada contra nós."

Máxima estoica

"É preciso aceitar tudo com coragem: ao contrário do que imaginamos, nenhum acontecimento se deve ao acaso. Tudo sempre se encadeia em consequência de alguma coisa. Aquilo que nos causará prazer, bem como aquilo que será fonte de lágrimas, foi determinado há muito tempo. Por maior que pareça a variedade dos destinos humanos, tudo se resume a uma lei única: somos perecíveis e tudo que nos foi dado também é perecível. Por que se rebelar, então? Por que se queixar? Aceitemos o destino da raça humana. A natureza pode fazer o que quiser com os corpos: eles lhe pertencem! Quanto a nós, alegres, sempre cheios de coragem, tenhamos consciência de que nada que perece é nosso."

Sêneca, *Sobre a providência*

VER O LADO BOM DAS COISAS

"Assim como toda ânfora tem duas alças, disse o sábio, todo acontecimento tem dois aspectos, sempre desolador, se o quisermos, sempre reconfortante e consolador, se o quisermos."

Alain, *Considerações sobre a felicidade*

"Todo verso tem seu reverso. Uma coisa boa pode ferir se tomada com despropósito; em sentido inverso, uma coisa incômoda pode agradar se bem utilizada. Muitas coisas que causaram dor poderiam ter proporcionado prazer se seu lado bom fosse conhecido. Tudo tem um lado bom e um ruim; a habilidade consiste em saber encontrar o primeiro. Uma mesma coisa tem diferentes faces, se a olharmos de maneira diferente; disso decorre que uns sentem prazer em tudo e outros, em nada. O melhor expediente contra os reveses da fortuna e para viver feliz em qualquer época e perante quaisquer costumes é considerar cada coisa sob seu melhor ângulo."

Gracián, *A arte da prudência*

"Assim, portanto, tanto na boa quanto na má sorte, salvo na eventualidade de alguma grande desgraça, o que acontece a um homem em sua vida tem menos importância do que a maneira como ele o *sente*, isto é, do que a natureza e o grau de sua sensibilidade em todas as relações. O que temos em nós mesmos e por nós mesmos, ou seja, a personalidade e seu valor, é o único fator imediato para nossa felicidade e nosso bem-estar."

Schopenhauer, *Aforismos para a sabedoria de vida*

"Encontrarás, não importa a circunstância da vida, com o que te divertir, relaxar e sentir prazer, desde que tomes o partido de relativizar os infortúnios em vez de torná-los intoleráveis."

Sêneca, *Da tranquilidade da alma*

"Deveríamos nos impregnar das cores da vida, mas nunca lembrar os detalhes. Detalhes são sempre vulgares."

Oscar Wilde, *Aforismos*

"Os homens, num mesmo dia, abrem a alma a pequenas alegrias e se deixam dominar por pequenas tristezas; não há nada mais desigual e menos lógico do que o que acontece em tão pouco tempo no coração e no espírito. O remédio para esse mal é considerar as coisas do mundo pelo que elas valem."

La Bruyère, *Personagens ou costumes do século*

"A vida é curta e tediosa: nós a passamos a desejar. Deixamos para o futuro o descanso e as alegrias, para a idade em que com frequência os melhores bens já desapareceram, a saúde e a juventude. Esse tempo chega e nos surpreende ainda a desejar; continuamos assim quando a febre nos invade e nos apaga: se tivéssemos nos curado, seria apenas para desejar por mais tempo."

La Bruyère, *Personagens ou costumes do século*

"Nada leva mais um espírito sensato a suportar com tranquilidade as injustiças que os parentes e amigos cometem para com ele do que a reflexão sobre os vícios da humanidade e sobre como é difícil para os homens serem constantes, generosos, fiéis e tocados por uma amizade mais forte que seu próprio interesse. Como conhece seu alcance, ele não exige deles que penetrem os corpos, que voem pelos ares, que tenham equidade. Ele pode odiar os homens em geral, nos quais há tão pouca virtude; mas desculpa os indivíduos, ama-os por motivos mais elevados e trabalha para merecer o mínimo possível semelhante indulgência."

La Bruyère, *Personagens ou costumes do século*

Acreditar em si mesmo

"Sempre dá razão a seu sentimento *pessoal* em detrimento de análises, comentários, introduções. Mesmo que te enganes, o desenvolvimento natural de tua vida interior lentamente te levará, com o tempo, a outro estado de conhecimento. Deixa a teus julgamentos seu próprio desenvolvimento, silencioso. Não o contrarie, pois, como todo progresso, ele deve vir do fundo de teu ser e não pode sofrer pressão ou pressa. Levar a termo, depois dar à luz: tudo está nisso. [...] Espera com humildade e paciência a hora de uma nova clareza."

Rainer Maria Rilke, *Cartas a um jovem poeta*

"Fixa-te desde agora um modelo e um tipo para seguir, quando estiveres sozinho contigo mesmo, e entre os homens tu te encontrarás."

Epicteto, *Manual de Epicteto*

"Cada um deve trabalhar para conhecer seu destino e sondar seu espírito, do que dependem todas as perdas ou todos os ganhos. Que ele saiba se acomodar a seu destino e que se abstenha de querer mudá-lo, pois assim perderia o caminho marcado pela estrela do Norte."

Gracián, *A arte da prudência*

"É pela prova do fogo que se reconhece o ouro puro. É pelas provações que reconhecemos o homem de coração."

Sêneca, *Sobre a providência*

"A felicidade é uma alma livre, elevada, intrépida, constante, inacessível tanto ao temor quanto ao desejo, para a qual o único bem é a beleza moral, o único mal, o aviltamento, e todo o resto, um amontoado de coisas incapazes de retirar ou acrescentar o que quer que seja à felicidade, indo e vindo sem aumentar ou diminuir o soberano bem. Um princípio assim solidamente estabelecido necessariamente levará, querendo-se ou não, a uma alegria contínua, a um júbilo profundo e que vem do fundo do ser, pois tira sua felicidade daquilo que possui e não deseja nada além do que encontra em seu ambiente."

Sêneca, *Da felicidade*

"Podemos definir que o homem feliz é aquele para quem só existe bom e ruim numa alma boa ou ruim, é aquele que pratica o bem, se contenta com a virtude, que não se deixa exaltar nem destruir pelos golpes da sorte, que não conhece bem maior do que aquele que ele pode dar a si mesmo, para quem a verdadeira volúpia é o desprezo pelas volúpias."

Sêneca, *Da felicidade*

"Carregamos internamente maravilhas que buscamos externamente."

Sir Thomas Browne, médico inglês

"Precisamos inventar um novo hedonismo que recriará a vida e a salvará desse puritanismo duro e doentio que estranhamente vemos renascer. Ele sem dúvida incorporará a atividade do intelecto, mas nunca aceitará uma teoria ou sistema que sacrifique a experiência passional. O objetivo desse novo hedonismo, além disso, será a experiência em si, e não os frutos da experiência, sejam eles doces ou amargos. Ele nada conhecerá do estetismo que adormece os sentidos e da libertinagem vulgar que os embota. Mas deverá ensinar ao homem como se concentrar nos momentos de uma vida que em si mesma não passa de um breve instante."

Oscar Wilde, *Aforismos*

"Todos os homens precisam de alimento... Mas há outra coisa da qual precisamos: saber quem somos e por que vivemos."

Jostein Gaarder, *O mundo de Sofia*

"Nossa vida é o que nossos pensamentos fazem dela."
Marco Aurélio, *Meditações*

"Podes suprimir vários motivos de perturbações supérfluas e que só existem em tua opinião. E te abrirás um imenso campo livre se abraçares o mundo inteiro pelo pensamento, se refletires sobre a duração eterna, se meditares sobre a rápida transformação de cada coisa, em como é curto o tempo que separa o nascimento da dissolução, o infinito que precedeu o nascimento e o infinito que se seguirá à dissolução!"
Marco Aurélio, *Meditações*

"A tragédia da vida é o que morre dentro de um homem enquanto ele vive."
Albert Schweitzer

"O caminho da felicidade
  Um sábio perguntou a um louco qual o caminho da felicidade. O louco respondeu na hora, como se respondesse sobre o caminho para a cidade vizinha: 'Admira-te a ti mesmo e vive na rua'. 'Alto lá', exclamou o sábio, 'estás pedindo demais, basta admirar-se!' E o louco respondeu: 'Mas como se admirar constantemente se não nos desprezamos o tempo todo?'."
Nietzsche, *A gaia ciência*

"Felizes aqueles que morrem sem envelhecer."
Cristina da Suécia, *Máximas*

"Que ninguém hesite em filosofar porque é jovem, nem se canse de filosofar porque é velho; pois ninguém começa cedo demais ou tarde demais a garantir-se a saúde da alma. E aquele que diz que o tempo de filosofar ainda não chegou, ou que esse tempo passou, é como aquele que diz, ao falar da felicidade, que seu tempo ainda não chegou, ou que já passou."

Epicuro, *Carta a Meneceu*

"É necessário, portanto, cuidar daquilo que produz a felicidade, pois se ela está presente temos tudo, e se ela está ausente fazemos de tudo para alcançá-la."

Epicuro, *Carta a Meneceu*

4

SABER DOAR

"É doando que se recebe", dizia Madre Teresa, que entendia do assunto. De fato, qual prova de amor é mais bela do que a doação? Doar tempo, doar amor, doar a si mesmo... Mas doar também é oferecer ao outro aquilo de que ele gosta, doar sem interesse e sem arrependimento...

"Mesmo as feras são sensíveis aos bons cuidados", observou Sêneca. A mensagem é clara. É preciso doar para suavizar, reparar, tranquilizar – mesmo aos que não amamos. Dizer uma palavra gentil e sorrir para uma pessoa desagradável é presenteá-la com nossa bondade e nossa compreensão. Sem esperar que ela retribua a gentileza. Não faz mal. Dado é dado, tirado é roubado, dizem as crianças. Doar aos amigos é bastante fácil (ainda que...), mas o verdadeiro dom é aquele feito para além do sentimento, sem nada esperar em troca, pela beleza do gesto, de certo modo.

Mas, cuidado, lembram os sábios, há maneiras de doar. Doar de má vontade, a contragosto, fazendo o outro entender o preço de nosso sacrifício, não é doar: é consentir. Melhor, nesse caso, abster-se de doar, pois nada há de mais deplorável do que alguém que doa contra a vontade. A generosidade não combina com calculismos, que não colhem nem mesmo a gratidão do donatário.

Doar de bom coração, por outro lado, doar com alegria e entusiasmo, doar com magnanimidade, é uma realização pessoal, uma verdadeira festa.

Ao doar, principalmente o que nos é importante, ficamos mais leves, nos realizamos e, acima de tudo, ganhamos uma coisa mais preciosa ainda: um amigo, talvez, ou alguém que nos terá reconhecido por nossa bondade. Somos ricos daquilo que doamos, diz o ditado. E essa riqueza não tem preço.

"O dom de si é uma realização."

Rainer Maria Rilke, *Cartas a um jovem poeta*

"O homem mais feliz é aquele que faz a felicidade do maior número de semelhantes."

Diderot

"Há mais prazer em fazer o bem do que em recebê-lo. É sobre isso que os homens generosos constroem a felicidade."

Gracián, *A arte da prudência*

"Qualquer que seja o destino de teu benefício anterior, continua a fazê-lo: os primeiros dormirão em melhores condições nas mãos dos ingratos, que talvez um dia se tornem reconhecidos por vergonha, oportunismo ou espírito de imitação. Não te deixes abater, conclui tua obra, realiza a fundo o papel de homem de bem. Seja por um objeto material, por teu crédito, por teu favor, por um conselho, por preceitos salutares, presta serviço. Mesmo as feras são sensíveis aos bons tratamentos, e não existe animal feroz que os cuidados não pacifiquem e levem a amar aqueles que os prodigalizam."

Sêneca, *Dos benefícios*

"Assim ocorre com o benefício: seu primeiro fruto reside na consciência de sua realização. Percebemos esse fruto assim que fazemos a dádiva chegar ao destino segundo nossa vontade; o segundo e o terceiro residem na notoriedade e nos bens que podemos ganhar em retorno. Assim, quando um benefício foi recebido com prazer, aquele que o concedeu já obteve seu devido reconhecimento, mas ainda não seu salário; devemos-lhe, consequentemente, o que é exterior ao benefício: em relação ao benefício em si, ao recebê-lo bem nós compensamos."

Sêneca, *Dos benefícios*

"Duvido que haja sentimento mais delicioso do que aquele que experimentamos depois de fazer uma ação virtuosa merecedora da estima das pessoas honestas. Ao prazer interior causado pelas ações virtuosas ainda se soma o prazer de gozar da estima universal: pois os canalhas não podem recusar sua estima à probidade; mesmo assim, somente a estima das pessoas honestas merece ser computada."

Madame du Châtelet, *Discurso sobre a felicidade*

"O prazer mais delicado é fazer o do outro."

La Bruyère, *Personagens ou costumes do século*

"Ensina-me algum meio de me tornar mais caridoso e mais reconhecido por aqueles que me fazem o bem, de estabelecer, entre os que obsequiam e os obsequiados, uma emulação de almas que traga o esquecimento dos benfeitores e uma memória tenaz dos benefícios nos devedores."

Sêneca, *Dos benefícios*

"O que é uma benfeitoria? Uma ação bem-intencionada que proporciona alegria e a gera ao ser proporcionada, espontaneamente propensa e disposta a cumprir sua tarefa. Por isso, não importa o que é feito ou o que é dado, importa apenas a disposição daquele que dá, pois o bem-fazer consiste não no que é feito ou dado, mas nos sentimentos daquele que dá ou faz."

Sêneca, *Dos benefícios*

"Quanto mais o sábio dá aos outros, mais ele tem para si."

Lao-Tsé

"Quem espera o supérfluo para dar aos pobres nunca dará coisa alguma."

Provérbio chinês

"Quando estamos felizes, sempre somos bons, mas quando somos bons, nem sempre estamos felizes."

Oscar Wilde, *Aforismos*

"Fiz algo de útil para a comunidade? Então prestei um serviço a mim mesmo. Tem em todas as ocasiões essa máxima a teu alcance, e nunca te separes dela."

Marco Aurélio, *Meditações*

"O médico no funeral
No funeral de um amigo, um médico ia repetindo aos acompanhantes do cortejo que se aquele homem tivesse se abstido de vinho e tivesse tomado seus enemas ainda estaria vivo. 'Excelso companheiro', disse-lhe alguém da assistência, 'não é agora que devias dizer isso, quando não serve para mais nada: deverias ter dado teus conselhos quando ele ainda podia segui-los!'
A fábula mostra que é preciso ajudar os amigos quando eles precisam, e não bancar o pedante depois que todas as esperanças foram perdidas."

Esopo, *Fábulas*

"Não enriqueças com desonestidade: o bem mal adquirido é uma calamidade.
Ama quem te ama, procura quem te procura, dá a quem dá, não dês a quem não dá. Dá ao homem generoso, recusa ao parcimonioso. É bom dar, tomar à força é ruim e leva à morte. Pois o homem que dá de bom grado, mesmo dando bastante, fica feliz em dar presentes, ele alegra sua alma; mas os presentes que nos são extorquidos com impudência, por menores que sejam, nos ferem o coração."

Hesíodo, *Os trabalhos e os dias*

"Não se deve mostrar tudo já na primeira vez."

Gracián, *A arte da prudência*

"Quem concede um benefício quer ser considerado com reconhecimento; ele tem o que deseja quando seu benefício é bem recebido.
– Mas ele também esperava algum proveito...
– Então não era um benefício: a particularidade do benefício está na exclusão de qualquer pensamento de retribuição."

Sêneca, *Dos benefícios*

"É bom dar quando nos foi pedido, mas é preferível dar sem ter sido solicitado e porque compreendemos a urgência do momento. [...]
Gostaria de guardar todas as coisas?
Todos os seus bens um dia serão distribuídos.
Então comece a dar a partir de agora..."

Gibran, *O profeta*

"Visto que recebeste tudo
Dá, dá, dá,
Dá àqueles que estão perdidos,
Àqueles que estão nus."

Boris Vian, *textos e canções*

Aprender a receber

"Por maior que seja a abnegação que sintamos por aqueles a quem amamos, às vezes é preciso se curvar por eles e ter a generosidade de receber.
Aquele que sente um prazer tão delicado em receber quanto seu amigo em dar pode compreender."

La Bruyère, *Personagens ou costumes do século*

5

Da sabedoria de renunciar

A renúncia não necessariamente é sinônimo de falta de coragem. Também pode significar uma grande sabedoria. Saber prever as coisas, distinguir o que vale a pena ser conquistado do que não vale, aceitar sem remorsos o que acontece... "Um homem sábio deve saber fazer de sua própria derrota um triunfo", lembrou Gracián. Não se trata de cruzar os braços ou de se retirar diante de qualquer dificuldade, mas de não perder seu tempo e não se desgastar em combates inúteis.

Assim, é preciso saber renunciar à juventude ou à beleza e aceitar o conselho dos anos. É preciso admitir que as coisas nem sempre acontecem da maneira como previmos e saber se retirar da partida, não necessariamente para perdê-la, mas para vê-la em perspectiva. É preciso deixar passar à frente os mais jovens e os mais rápidos, mesmo se, antes, era você quem passava primeiro. Mas também é preciso aprender a renunciar às mundanidades e preferir cercar-se de amigos fiéis, parar de correr atrás do dinheiro para ter tempo para viver... A renúncia muitas vezes consiste num renascimento e numa libertação.

Pois ao abandonar uma coisa, encontramos outra. Ao aceitar, avançamos. Esse é o ponto de partida para um reencontro consigo mesmo.

"Diz uma máxima da prudência que é preciso deixar as coisas antes que elas nos deixem. Um homem sábio deve saber fazer um triunfo de sua própria derrota, a exemplo do sol, que, enquanto ainda está luminoso, costuma se retirar atrás de uma nuvem para não ser visto baixando e, assim, deixar na dúvida se desapareceu ou não. [...] O bom cavaleiro às vezes solta a rédea do cavalo para não fazê-lo empinar e não ser motivo de zombaria se viesse a cair no meio da corrida. Uma beldade deve habilmente desviar o espelho, quebrando-o antes que ele lhe mostre que seus traços se vão."

Gracián, *A arte da prudência*

"Ao renunciar ao mundo e à fortuna, encontrei a felicidade, a calma, a saúde, mesmo a riqueza; e, a despeito do provérbio, descobri que quem sai do jogo vence."

Chamfort, *Máximas e pensamentos*

"A glória muitas vezes coloca ao homem honesto as mesmas provações que a fortuna; ou seja, ambas o obrigam, antes de serem alcançadas, a fazer ou sofrer coisas indignas de seu caráter. O homem intrepidamente virtuoso repele as duas da mesma maneira e se cobre com a obscuridade ou com o infortúnio, algumas vezes com ambos."

Chamfort, *Máximas e pensamentos*

"Depois que renunciamos a uma coisa inteiramente e por muito tempo, quando por acaso a reencontramos, quase acreditamos estar descobrindo-a; ...e qual não é a felicidade de qualquer homem que descobre! Sejamos mais sábios que a serpente que fica por tempo demais deitada sob o mesmo sol."

Nietzsche, *A gaia ciência*

"O que faz aquele que renuncia? Ele aspira a um mundo superior, deseja voar mais alto, mais longe que os homens de afirmação; ele rejeita muitas coisas que sobrecarregariam seu voo e muitas entre essas muitas que ele não detesta, às quais atribui valor: ele as sacrifica à ânsia de elevar-se. Só vemos nele esse sacrifício, esse desapego: por isso o chamamos de renunciante, e é enquanto renunciante, vestindo seu capuz, que ele se ergue diante de nós, como a própria alma de um cilício. Mas ele fica satisfeito com essa impressão que produz: quer esconder a nossos olhos seu desejo, seu orgulho, a intenção de voar acima de nós... Sim! Ele é muito mais hábil do que pensávamos, esse homem tão educado... esse afirmador! Pois é isso que ele é, como nós, inclusive em sua renúncia."

Nietzsche, *A gaia ciência*

"Nunca digas, sobre o que quer que seja: 'eu o perdi'. Mas: 'eu o devolvi'. Teu filho morreu, foi devolvido. Tua mulher morreu, foi devolvida. Meu bem me foi tomado. Ora! Ele também foi devolvido. 'Mas o ladrão é um celerado.' Que te importa por meio de quem aquele que te havia presenteado o pediu de volta? Enquanto ele permitir, aproveita-o como a um bem estrangeiro, como os passantes a um albergue."

Epicteto, *Manual de Epicteto*

"A felicidade só pode pertencer àquele que nada possui."

Hector Bianciotti, *Ce que la nuit raconte au jour*

"O pescador e o peixe
    Depois de deixar sua rede afundar no mar, um pescador pescou um peixe. Este rogou-lhe que não o pegasse no momento e que o soltasse porque ainda era muito pequeno; se o deixasse crescer, poderia voltar a pescá-lo mais tarde e teria um lucro melhor. 'Conta outra!', respondeu o pescador. 'Eu seria muito idiota se renunciasse ao ganho, mesmo medíocre, que tenho em mãos na esperança de um ganho futuro, por mais tentador que seja.'
    A fábula mostra que um ganho modesto, mas imediato, vale mais que um ganho a prazo, mas considerável."

Esopo, *Fábulas*

"O leão e a lebre
    Um leão, deparando-se com uma lebre adormecida, estava prestes a devorá-la. Viu então uma corça e desistiu da lebre para lançar-se

a seu encalço. Acordada pelo barulho, a lebre fugiu. O leão, depois de passar um bom tempo perseguindo a corça sem conseguir alcançá-la, voltou à lebre e constatou que ela também havia conseguido escapar. 'Bem feito para mim!', ele exclamou. 'Perdi o alimento que tinha em mãos por ter dado preferência a uma esperança mais bela!'

Da mesma forma, certos homens não se satisfazem com ganhos moderados, eles perseguem esperanças mais belas sem ver que soltam o que têm nas mãos."

Esopo, *Fábulas*

"Também precisaremos evitar criar dificuldades a respeito de ou por causa de coisas que não valem a pena, como, por exemplo, desejar ardentemente o que não podemos ter ou, depois de chegarmos a nosso objetivo, perceber, tarde demais e depois de muito suor, a insignificância de nossos desejos; como, por exemplo, realizar esforços inúteis e sem resultado ou obter um resultado sem relação com o esforço praticado. Em geral, de fato, nos desencorajamos por não termos tido êxito ou por termos vergonha de não termos tido êxito."

Sêneca, *Da tranquilidade da alma*

"Ao descobrir que todos os seus bens haviam desaparecido durante um naufrágio, nosso querido Zenão exclamou: 'O Destino quer que eu fique mais à vontade para filosofar'."

Sêneca, *Da tranquilidade da alma*

Aceitar

"Lembra-te que és como um ator no papel que o autor dramático quis para ti: breve, quando ele é breve; longo, quando ele é longo. Se ele quiser que interpretes o papel de um mendigo, interpreta-o corretamente. Faz o mesmo no papel de manco, de magistrado, de simples indivíduo. Depende de ti, de fato, bem interpretar o personagem que te foi atribuído; escolhê-lo, porém, cabe a outro."

Epicteto, *Manual de Epicteto*

"Lembra-te, portanto, que, se acreditares livre aquilo que por natureza é servil e próprio a ti aquilo que te é estrangeiro, ficarás obstruído, aflito, perturbado e culparás os deuses e os homens. Mas, se acreditares teu somente aquilo que é teu e estrangeiro aquilo que de fato te é estrangeiro, ninguém nunca poderá te coagir, ninguém te obstruirá; não culparás ninguém, não acusarás ninguém, não farás nada a contragosto; ninguém te prejudicará; não terás inimigos, pois não sofrerás por nada de prejudicial."

Epicteto, *Manual de Epicteto*

"Há duas coisas com as quais precisamos nos acostumar, para não acharmos a vida insuportável: as injúrias do tempo e as injustiças dos homens."

Chamfort, *Máximas e pensamentos*

"Precisas amar o que acontece contigo por dois motivos. Primeiro, porque era feito para ti, te correspondia e de certo modo se apresentava a ti, do alto, da cadeia das mais antigas causas. Segundo, porque o que acontece a cada ser em particular contribui para o bom andamento das coisas, para a perfeição e, por Zeus!, para a constância daquele que governa a natureza universal. O universo, de fato, se veria mutilado se cortasses o que quer que seja da conexão e da consistência de suas partes, bem como de suas causas. Ora, rompes esse encadeamento o máximo que podes quando ficas descontente com o que te acontece e, de certo modo, o destróis."

Marco Aurélio, *Meditações*

"O mundo é um palco, mas os papéis foram mal distribuídos."

Oscar Wilde, *Aforismos*

6

Aceitar o tempo que passa

"*O tempo é um grande mestre, ele governa muitas coisas*", dizia Corneille. *De tanto correr atrás do tempo e de reclamar dos anos que passam, tendemos a esquecer que o tempo também é um aliado precioso. O tempo nos presta grandes serviços, e não é por nada que os filósofos o abordam e atribuem tanta importância a seus ensinamentos. Para os que sabem fazer um bom uso do tempo, ele pode oferecer muito consolo. Enfraquece as dores, cura as mágoas de amor, soluciona problemas. Oferece perspectivas, redistribui as cartas, traz esperança. Quem se conforma ao tempo e sabe explorá-lo com habilidade sobrepõe-se aos demais. A paciência é a chave para muitos êxitos. La Fontaine pensou o mesmo quando escreveu, numa fábula, que "a paciência e o tempo podem mais que a força e a raiva".*

Não desperdicemos nosso tempo, portanto, utilizemo-lo adequadamente – para nos realizarmos –, pois ele é contado. Mas cessemos de chorar pelos dias a menos que temos para viver. "Amanhã é o primeiro dia do resto de tua vida", cantou Étienne Daho. Pense nisso... quando chegar o momento.

"O verão vem. Mas ele só vem para os que sabem esperar, tranquilos e abertos como se tivessem a eternidade diante de si. Aprendo isso todos os dias, ao preço de sofrimentos que abençoo: *paciência* é tudo."
Rainer Maria Rilke, *Cartas a um jovem poeta*

"Paciência! Com o tempo, a grama se torna leite."
Provérbio chinês

"Para quem sabe esperar, o tempo abre as portas."

Provérbio chinês

"Quando viveres três vezes mil anos, e mesmo dez vezes mil anos, lembra-te de que ninguém perde nada além da vida que vive, e de que ninguém vive outra vida além daquela que perde. Portanto, a vida mais longa equivale à vida mais curta."

Marco Aurélio, *Meditações*

"Aquele que sabe esperar o bem que deseja não segue o caminho do desespero quando não o alcança; e aquele, ao contrário, que deseja uma coisa com grande impaciência, coloca-se demais nela para se satisfazer com o sucesso."

La Bruyère, *Personagens ou costumes do século*

"O tempo é como um rio e uma corrente violenta formada por todas as coisas. Assim que uma coisa é vista, ela é arrastada; quando outra for trazida, também será carregada."

Marco Aurélio, *Meditações*

"Tudo o que acontece é tão habitual e previsto quanto a rosa na primavera e as frutas no verão; é o caso da doença, da morte, da calúnia, das emboscadas e de tudo o que alegra ou aflige os tolos."

Marco Aurélio, *Meditações*

"Não há melhor remédio para certas desordens do que deixá-las passar, pois, no fim, elas cessam sozinhas."

Gracián, *A arte da prudência*

"O remorso que os homens sentem pelo mau emprego do tempo que já viveram nem sempre os leva a fazer daquele que resta um melhor uso."

La Bruyère, *Personagens ou costumes do século*

"Existem apenas três coisas para o homem: nascer, viver e morrer. Ele não se sente nascer, sofre para morrer e esquece de viver."
La Bruyère, *Personagens ou costumes do século*

"A pontualidade é uma ladra de tempo."
Oscar Wilde, *Aforismos*

"A juventude! Não há nada como ela. É absurdo falar em ignorância da juventude. As opiniões que mais levo em conta hoje em dia são as das pessoas muito mais jovens do que eu. Elas parecem estar à minha frente. A vida revelou-lhes sua mais recente maravilha."
Oscar Wilde, *Aforismos*

"A ciência do passado é de grande utilidade para o futuro."
Cristina da Suécia, *Máximas*

"A vida se assemelha a uma bela sinfonia que encanta e que agrada, mas que é curta demais."
Cristina da Suécia, *Máximas*

"Sim, é um consolo, na velhice, ter atrás de si o trabalho de uma vida. O homem mais feliz, portanto, é aquele que passa a vida sem dores grandes demais, tanto moral quanto fisicamente, e não aquele que teve as alegrias mais vivas e os prazeres mais intensos. Querer medir por eles a felicidade de uma vida é recorrer a uma medida falsa. Pois os prazeres são e permanecem negativos; acreditar que nos tornam felizes é uma ilusão alimentada pela inveja e com a qual esta pune a si mesma."
Schopenhauer, *Aforismos para a sabedoria de vida*

"Somente ao chegar ao topo de uma colina o viajante reconhece e abarca com os olhos os caminhos percorridos, com seus desvios e curvas; da mesma forma, somente ao fim de um período de nossa existência, às vezes da vida inteira, reconhecemos a verdadeira conexão entre nossas ações, nossas obras e nossas produções, sua exata ligação, seu encadeamento e valor. De fato, quando estamos mergulhados na atividade, só agimos segundo as prioridades fixas de nosso caráter, sob influência de motivos e na medida de nossas faculdades, isto é, por absoluta necessidade; fazemos, em um dado momento, apenas o que nos parece justo e conveniente naquele momento. Somente o porvir nos permite vislumbrar o resultado, e o olhar lançado para trás nos mostra o *como* e o *porquê*. Assim, no momento em que realizamos os maiores feitos, em que criamos obras imortais, não temos consciência de sua verdadeira natureza: nos parecem apenas a coisa mais apropriada a nosso objetivo presente e que melhor corresponde às nossas intenções; nossa única impressão é a de ter feito justamente o que devia ser feito; mais tarde, a partir do todo e de seu encadeamento, nosso caráter e nossas faculdades surgem à luz; por meio dos detalhes, vemos então como foi que tomamos o único caminho verdadeiro entre tantos outros tortuosos, como se inspirados e guiados por nosso gênio. Tudo o que acabamos de dizer é verdade tanto na teoria quanto na prática e também se aplica aos feitos opostos, ou seja, ruins e falsos."

Schopenhauer, *Aforismos para a sabedoria de vida*

"A raposa de barriga cheia

Uma raposa faminta encontrou pedaços de pão e carne que os pastores haviam deixado no oco de um carvalho. Ela entrou na árvore e os comeu. Mas como sua barriga cheia não a deixou sair, ela se pôs a gemer e a se lamentar. Outra raposa, que passava por ali, ouviu suas queixas e se aproximou para perguntar o motivo das lamúrias. Quando ficou sabendo da desventura, aconselhou: 'Fica aí dentro até voltares a ser como eras antes de entrar: assim, sairás sem dificuldade!'.

A fábula mostra que o tempo resolve as dificuldades."

Esopo, *Fábulas*

"Algumas pessoas querem uma certa coisa com tanto ardor e tanta determinação que, por medo de perdê-la, não esquecem nada do que é preciso fazer para perdê-la."

La Bruyère, *Personagens ou costumes do século*

"As coisas mais desejadas nunca acontecem; se acontecem, nunca é no tempo ou nas circunstâncias em que teriam causado um grande prazer."

La Bruyère, *Personagens ou costumes do século*

"A verdade sempre chega por último, e com muito atraso, porque seu guia, o tempo, é manco."

Gracián, *A arte da prudência*

"Desaprovo essa mania moderna de imediatamente transformar os maus em bons. Deixem os homens colherem aquilo que semearam."

Oscar Wilde, *Aforismos*

"O sábio sabe que o norte da prudência consiste em conformar-se ao tempo."

Gracián, *A arte da prudência*

"Repassa na memória em que ocasião conseguiste ater-te ao que havia sido decidido, os raros dias que se passaram como tinhas planejado, os momentos em que pudeste dispor de ti mesmo, em que teu rosto permaneceu sereno, teu espírito, impávido, que obras em tão longa vida conseguiste realizar, o número de pessoas que pilharam tua vida contra tua vontade sem que tenhas avaliado a perda, aquilo que uma dor vã, uma alegria idiota, uma paixão, uma conversa lisonjeira te roubaram, como é insuficiente o pouco de teu bem que te restou: compreenderás que morres prematuramente."

Sêneca, *Sobre a brevidade da vida*

"Se, no entanto, pudéssemos apresentar a cada um, da mesma forma que o número de anos que já viveu, o número de anos que lhe resta a viver, como tremeriam aqueles que vissem o pouco de tempo que lhes resta e como conduziriam esses anos com parcimônia."

Sêneca, *Sobre a brevidade da vida*

O CALENDÁRIO DOS DIAS PROPÍCIOS E DOS DIAS NEFASTOS SEGUNDO HESÍODO

Poeta grego nascido na Beócia por volta do século VIII a.C., Hesíodo foi um camponês que se esforçou para criar uma moral da realização dos trabalhos humanos, por mais modestos que fossem. Ele acreditava nas virtudes do trabalho e da justiça. Seu calendário dos dias propícios e nefastos nos lembra, apesar de ter sido estabelecido com o bom senso e as crenças da época, que existem dias mais favoráveis que outros, dependendo de nosso humor, de nossa constituição ou da época do ano, para empreender as coisas que queremos. Sem precipitação, portanto, escolha o bom momento para agir e para colocar todos os fatores a seu favor, em vez de se precipitar e correr o risco de fracassar.

"Reconhece, como convém, os dias que Zeus nos envia. Ensina a teus criados que o dia 30 é o melhor para inspecionar os trabalhos e distribuir os víveres: essa é a opinião das pessoas que falam disso segundo a verdade.

Eis como o sábio Zeus determinou os dias.

O primeiro dia do mês e o 4 são sagrados, bem como o 7, quando Apolo da espada de ouro foi parido por Leto.

Os dias 8 e 9 também, particularmente favoráveis, nessa primeira parte do mês, aos trabalhos dos mortais, bem como o 11 e o 12, bons para tosar as ovelhas ou para ceifar as colheitas florescentes. O 12, aliás, é muito melhor que o 11: é nele que a aranha aérea tece sua teia quando o dia está no auge, enquanto o inseto previdente, a formiga, acumula suas provisões; é nesse dia que a mulher erguerá seu tear e iniciará sua obra.

No dia 13, evita começar a semeadura; mas é um excelente dia para transplantar.

O dia 16 não é nada bom para isso; é um bom dia para gerar um filho; para uma filha, é ruim vir ao mundo ou se casar nesse dia.

O 6 tampouco é favorável ao nascimento das meninas, mas é bom para castrar cabritos e rebanhos de carneiros, para erguer um cercado aos animais, para gerar um menino; nesse dia convêm brincadeiras, mentiras, palavras sedutoras, conversas íntimas.

No dia 8 se deve decepar o javali e o boi de mugido sonoro; no 12, as mulas incansáveis. No 20, dia importante, quando os dias são mais longos, um homem sábio será gerado, de inteligência sólida.

O 10 é bom para gerar um menino e o 14 para gerar uma filha. Nesse dia, serão domados, acariciando-os com a mão, as ovelhas, os bois de patas tortas e chifres recurvos, os cães de dentes afiados e as mulas infatigáveis.

Pensa em evitar, no 24 ou no 4, te deixar devorar pela tristeza; pois é um dia totalmente sagrado; é ele que devemos escolher para levar para casa uma esposa, depois de ter consultado o voo dos pássaros, que é o melhor auspício nessa matéria.

Desconfia do 5, do 15 e do 25, que são nefastos e temíveis: foi num desses dias, dizem, que as Erínias acompanharam o Juramento vingador, filho da Luta e flagelo dos perjúrios.

No 17 se colocará com muito cuidado, numa área bem aplainada, o trigo, presente sagrado de Deméter; o lenhador cortará a madeira para fabricar um leito nupcial e todas as peças com que se faz o aparelho dos navios.

Mas é no 4 que se deve começar a construção dos barcos leves.

O 19 é um dia favorável à tarde. O 9 nada tem de pernicioso para os homens: ele convém para a geração e o nascimento de meninos e meninas; é um dia inteiramente propício. Poucos sabem que o 29 é o melhor dia do mês para começar uma jarra de vinho, para colocar o jugo nos bois, nas mulas e nos cavalos ágeis, para lançar ao mar escuro um navio rápido de muitos lugares: pois poucos falam segundo a verdade.

No 4, no 14 e no 24 pode-se abrir uma jarra; o 14 é um dia sagrado mais que todos os outros; poucos sabem que o 24 é muito favorável à manhã e muito menos à tarde.

Esses são os dias vantajosos para os habitantes da terra; os dias intermediários são indiferentes, sem influência. Mencionam-se uns ou outros, mas poucos conhecem a matéria: um dia é uma madrasta, outro é uma mãe.

Bem-aventurado, portanto, e bendito pelo destino, o homem que trabalha com a posse desses conhecimentos e que, consultando os auspícios, abstendo-se de todo ato ilegítimo, mantém-se irrepreensível diante dos Imortais."

Hesíodo, *Os trabalhos e os dias*

7

Saber corrigir seus erros

É difícil reconhecer os próprios erros e confessar que nos enganamos. Preferimos nos cobrir de uma falsa dignidade e negar nossos erros, como se os admitir fosse algo vergonhoso. Ora, esse defeito profundamente humano leva à má-fé, cria conflitos e nos torna – precisamos admitir – pouco orgulhosos de nós mesmos.

No entanto, conforme lembrado por Chateaubriand, "quem teme se arrepender não obtém fruto algum de seus erros". Nada pior que um passo em falso que não nos faz aprender nada. O engano ajuda a nos fazer compreender e avançar. Todos sabem que os fracassos preparam o sucesso.

"A experiência não tem nenhum valor ético, ela é simplesmente o nome que os homens dão aos próprios erros."

Oscar Wilde, *Aforismos*

"Que pena só tirarmos lições da vida depois que elas cessaram de nos ser úteis."

Oscar Wilde, *Aforismos*

"É fácil culpar os defeitos dos outros, mas raramente os usamos para corrigir os nossos."

La Rochefoucauld, *Reflexões ou sentenças e máximas morais*

"Hoje, a maioria das pessoas morre de uma espécie de bom senso abjeto e descobre tarde demais que somente dos erros nunca nos arrependemos."

Oscar Wilde, *Aforismos*

"Quem teme se arrepender não tira fruto algum de seus erros."

Chateaubriand, *Mélanges politiques*

"Um erro não é um erro,
 Dois erros fazem um erro,
 Não fazer nada é um erro."

Anônimo

"Se alguém puder me convencer e provar que penso ou ajo mal, ficarei feliz de me corrigir. Pois busco a verdade, que nunca fez mal a ninguém. Aquele que persiste no erro e na ignorância prejudica a si mesmo."

Marco Aurélio, *Meditações*

"Não vivemos o suficiente para tirar proveito de nossos erros. Nós os cometemos ao longo de toda a vida; e a única coisa que podemos fazer, de tanto falhar, é morrer corrigidos. Não há nada que purifique tanto o sangue quanto saber evitar uma tolice."

La Bruyère, *Personagens ou costumes do século*

"Existe um único e verdadeiro infortúnio para o homem, que consiste em cometer um erro e ter algo a censurar-se."

La Bruyère, *Personagens ou costumes do século*

"Quem se compraz com seu erro não quer reconhecê-lo."

Corneille, *Polyeucte*

"As grandes fases de nossa vida ocorrem quando enfim tomamos coragem para chamar de melhor de nós mesmos aquilo que chamávamos de nosso pior."

Nietzsche, *Além do bem e do mal*

"Quando adestramos bem nossa consciência, ela nos beija e ao mesmo tempo nos morde."

Nietzsche, *Além do bem e do mal*

8

Escolher

Escolher, eis uma coisa difícil. De fato, é muito delicado tomar um partido, uma decisão, escolher seu lado, quando às vezes seria mais simples e mais cômodo proteger-se atrás de uma sábia neutralidade. No entanto, por mais dolorosas que as escolhas sejam, elas nos permitem crescer. Todos viveram isto um dia: quando estamos incertos, hesitantes, indecisos, nos sentimos mal dentro da nossa pele. Se decidir com calma é algo sensato, não escolher pode ser sinal de uma fraqueza de caráter. Uma vez tomada a decisão, nos sentimos aliviados, livres. O horizonte se ilumina e nossa vida se simplifica.

"Toda escolha supõe um luto", escreveu Bossuet. Justamente por causa de nossos tormentos: escolher é uma renúncia. Podemos lembrar aos que têm dificuldade de tomar partido que nada é definitivo e que sempre é possível... mudar de ideia.

"Descartes dizia que a indecisão é o pior dos males."

Alain, *Considerações sobre a felicidade*

"Em toda ação, examina seus antecedentes e suas consequências, e somente então a empreende. Se não fizeres isso, no início estarás cheio de ardor, porque não pensaste no que virá depois; mais tarde, porém, quando certas dificuldades surgirem, vergonhosamente desistirás de tudo."

Epicteto, *Manual de Epicteto*

"Precisamos querer com força tudo o que queremos."
Cristina da Suécia, *Máximas*

"Negar, acreditar e duvidar são para o homem o que o cavalgar é para o cavalo."
Pascal, *Pensamentos*

"Se não for conveniente, não faça; se não for verdade, não diga. Que a decisão venha de ti."
Marco Aurélio, *Meditações*

"Se não fizeres da vida um objetivo, farás dela uma prisão."
Anônimo

"Não voamos com as mesmas asas para fazer nossa fortuna e para fazer coisas frívolas e ilusórias. Temos uma sensação de liberdade quando seguimos nossos caprichos e, ao contrário, de servidão quando corremos por nos estabelecer: é natural desejar muito e trabalhar pouco, acreditar-se digno de encontrar sem ter procurado."
La Bruyère, *Personagens ou costumes do século*

"É difícil decidir se a indecisão torna o homem mais infeliz do que desprezível; da mesma forma, se há mais inconveniente em tomar um mau partido do que em não tomar nenhum."
La Bruyère, *Personagens ou costumes do século*

"Fazemos sem saber o que somos; depois, somos o que fizemos."
Hector Bianciotti, *Ce que la nuit raconte au jour*

Não ter arrependimentos

"Aquele que se volta para o próprio passado não merece vislumbrar um futuro."

Oscar Wilde, *Aforismos*

"Lamentar a perda do que amamos é um bem em comparação a viver com o que odiamos."

La Bruyère, *Personagens ou costumes do século*

"Ninguém restaurará teus anos, ninguém te devolverá a ti mesmo uma segunda vez."

Sêneca, *Sobre a brevidade da vida*

"Agora, queres saber a que ponto a vida deles é curta? Observa como gostariam de viver muito tempo. Velhos decrépitos, em suas orações, mendigam um mísero suplemento de anos: dizem-se menos idosos do que são; com essa mentira, lisonjeiam e enganam a si mesmos como se pudessem enganar ao destino. De fato, assim que algum problema de saúde os lembra da condição de mortais, numa espécie de medo de morrer, menos como se saíssem da vida do que como se fossem dela arrancados, reclamam que foram estúpidos por não terem vivido e que, se agora conseguirem superar aquele mal, viverão em saudável retiro; então pensam como inutilmente acumularam coisas das quais não aproveitaram e como todo o seu trabalho não deu em nada."

Sêneca, *Sobre a brevidade da vida*

"Mesmo que uma boa ação nos tornasse infelizes pelo resto da vida, nunca deveríamos nos arrepender de tê-la feito."

Cristina da Suécia, *Máximas*

"Diante de um acontecimento infeliz, já ocorrido, ao qual consequentemente não podemos mudar nada, não devemos nos entregar ao pensamento de que ele poderia ter sido diferente, e menos ainda refletir sobre o que poderia tê-lo evitado; pois é isso que leva ao aumento da dor a ponto de torná-la insuportável e que faz do homem o algoz de si mesmo. Façamos antes como o rei Davi, que sem descanso pressionava Jeová com orações e súplicas durante a doença do filho e que, assim que este morreu, deu uma pirueta estalando os dedos e não pensou mais no assunto. Quem não tem leveza de espírito o suficiente para agir como ele deve se refugiar no terreno do fatalismo e se deixar invadir pela suprema verdade segundo a qual tudo o que acontece, acontece necessariamente, portanto inevitavelmente."

Schopenhauer, *Aforismos para a sabedoria de vida*

Segunda parte

Viver serenamente com os outros

1

O AMOR

"*O que é o amor, senão compreender e comprazer-se de que o outro viva...*", perguntou-se Nietzsche. *Todos sonhamos amar, sermos amados. Idealizamos esse sentimento, que é nossa razão de viver. Por isso temos tanta dificuldade em encontrá-lo e colocá-lo em prática. Amar é a coisa mais simples e a mais complicada do mundo. Também é um sentimento que pode levar a crises de paixão e inveja, a dilaceramentos e mágoas, às vezes irremediáveis. Sempre amamos mal quando amamos para nós mesmos. Amamos um pouco melhor quando amamos os outros pelo que eles são. O amor é uma doação de si, lembram os filósofos. Que importa se ele faz feliz ou infeliz, escreveu a poetisa Marceline Desbordes-Valmore, pois o que seria da vida sem o amor? Melhor sofrer do que não amar.*

Mas amar também quer dizer ser bondoso para com os outros, familiares, amigos e conhecidos. Compreender, aceitar e perdoar também significam amar.

DA NECESSIDADE DE AMAR

"Ama e faz o que quiseres."

Santo Agostinho

"Quem não ama permanece na morte."

São João

"Aquele que ama de verdade tem a natureza do diamante, por sua dureza e por ser difícil de romper."

Gracián, *A arte da prudência*

"A alma deve correr
  Como a água cristalina;
  A alma deve correr,
  Amar! e morrer."

Marceline Desbordes-Valmore, "La sincère"

"Como é doce ser amado! essa crença íntima
  Confere a tudo certo ar de encantamento."

Marceline Desbordes-Valmore, "Élégie"

"Quando o amor lhe fizer sinal, siga-o,
  Apesar de seus caminhos serem abruptos e escarpados.
  E, quando ele o envolver com suas asas, ceda a ele,
  Mesmo que a espada escondida em suas asas o fira."

Gibran, *O profeta*

"O que é feito por amor sempre se realiza para além do bem e do mal."

Nietzsche, *Além do bem e do mal*

"O amor traz à luz as qualidades mais nobres e ocultas daquele que ama, seus traços raros e excepcionais. Por isso, facilmente engana a respeito do que ele tem de normal."

Nietzsche, *Além do bem e do mal*

"Isso não acontece apenas com a música: é assim que aprendemos a amar todas as coisas que amamos. Nossa boa vontade, nossa paciência, nossa equidade, nossa suavidade com as coisas que nos são novas acabam sempre por ser recompensadas, pois as coisas, pouco a pouco, se despojam para nós de seu véu e se apresentam a nossos olhos como belezas indizíveis: é o agradecimento por nossa hospitalidade. Aquele que ama a si próprio aprende a fazê-lo seguindo um caminho idêntico: é o único que existe. O amor também precisa ser aprendido."

Nietzsche, *A gaia ciência*

"O amor é um sentimento que, para parecer honesto, precisa ser composto unicamente de si mesmo, viver e subsistir apenas por si."

Chamfort, *Máximas e pensamentos*

"Se há um amor puro e isento da mistura de nossas outras paixões, é aquele que está oculto no fundo do coração e que nós mesmos ignoramos."

La Rochefoucauld, *Reflexões ou sentenças e máximas morais*

"O amor esquenta, ilumina, torna humilde, purifica, desapega, une a seu único objeto; quando amamos, tudo está pronto."

Cristina da Suécia, *Máximas*

"Quem rega em seu coração a planta do amor
    Não tem um único dia de vida que seja inútil."

Khayyam, *Rubaiyat*

"Você pergunta se o amor torna feliz;
    É o que ele promete, acredite, mesmo que por um dia.
    Ah! por um dia de vida amorosa,
    Quem não morreria? a vida está no amor. [...]
    Sem ele, o coração é um fogo sem chama;
    Ele queima tudo, esse doce veneno.
    Falei como pode dilacerar uma alma:

Pergunte então se traz felicidade! [...]
Depois que o conhecemos, sua ausência é terrível;
Depois que ele volta, trememos noite e dia;
Muitas vezes, por fim, a morte está no amor;
No entanto... sim, o amor torna feliz!"
Marceline Desbordes-Valmore, "L'amour"

"Amar é uma felicidade, outra é dizê-lo."
Marceline Desbordes-Valmore, "La nuit d'hiver"

"Um belo rosto é o mais belo de todos os espetáculos; e a harmonia mais doce é o som da voz daquela que amamos."
La Bruyère, *Personagens ou costumes do século*

DA VARIAÇÃO DOS SENTIMENTOS

"O amor infiel não é o amor livre: é o amor omisso, o amor renegado, o amor que esquece ou detesta o que amou e que, portanto, esquece ou detesta a si mesmo."
André Comte-Sponville, *Pequeno tratado das grandes virtudes*

"A felicidade é ter alguém a perder."
Philippe Delerm, *Le Bonheur, tableaux et bavardages*

"O verdadeiro amor quer apenas amar."
Cristina da Suécia, *Máximas*

"O amor sempre subsiste, seja ele feliz ou infeliz."
Cristina da Suécia, *Máximas*

"Somos como nosso amor."

Cristina da Suécia, *Máximas*

"Existe um único tipo de amor, mas dele existem mil cópias diferentes."

La Rochefoucauld, *Reflexões ou sentenças e máximas morais*

"Só enxergamos bem com o coração, o essencial é invisível aos olhos."

Antoine de Saint-Exupéry, *O pequeno príncipe*

"Se julgarmos o amor pela maior parte de seus efeitos, ele mais se parecerá com o ódio do que com a amizade."

La Rochefoucauld, *Reflexões ou sentenças e máximas morais*

"O amor, assim como o fogo, não pode subsistir sem um movimento contínuo; e ele cessa de viver assim que cessa de esperar ou temer."

La Rochefoucauld, *Reflexões ou sentenças e máximas morais*

"O amor nasce bruscamente, sem reflexão, por temperamento ou por fraqueza: um traço de beleza nos fixa, nos cativa. A amizade, ao contrário, se forma aos poucos, com o passar do tempo, pela prática, através de uma longa troca. Quanto espírito, bondade de coração, apego, serviços e complacência pelos amigos são necessários para fazer em vários anos muito menos do que ele faz poucas vezes e num instante por um belo rosto ou uma bela mão."

La Bruyère, *Personagens ou costumes do século*

"Só amamos bem uma única vez: a primeira; os amores que se seguem são menos espontâneos."

La Bruyère, *Máximas*

"O amor que nasce subitamente é o que mais demora a cicatrizar."
La Bruyère, *Máximas*

"Eu quis esta manhã te trazer rosas;
    Mas coloquei tantas em minhas fitas
    Que os nós apertados demais não puderam contê-las.
    Os nós se abriram. As rosas voaram
    Com o vento, ao mar todas se foram.
    Elas seguiram a água para não voltar.
    A onda ficou vermelha e como que inflamada.
    Esta noite, meu vestido continua perfumado...
    Respira em mim a perfumada lembrança."
Marceline Desbordes-Valmore, "Les roses de Saadi"

"– Eu a amarei para sempre – eu disse.
    Ela se virou para a parede e disse apenas:
    – Basta me amar todos os dias."
Daniel Pennac, *La Petite Marchande de prose*

"Amar alguém mais que o necessário é amar pouco."
Cristina da Suécia, *Máximas*

"Mil coisas podem impedir que alcancemos o objeto de nossos desejos, mas nada pode impedir que o amemos."
Cristina da Suécia, *Máximas*

"Nem sempre amamos aquilo que apreciamos, mas sempre apreciamos aquilo que amamos."
Cristina da Suécia, *Máximas*

"Deveríamos estar sempre apaixonados. Por isso, nunca deveríamos nos casar."

Oscar Wilde, *Aforismos*

"Perdoamos enquanto amamos."
La Rochefoucauld, *Reflexões ou sentenças e máximas morais*

"Não escrevas 'estou triste e gostaria de morrer'.
Os belos verões sem ti são como o amor sem chama.
Não mostres a água corrente para aquele que não pode tocá-la,
E bater em meu coração é bater em um túmulo."
Marceline Desbordes-Valmore, "N'écris pas"

"É impossível amar uma segunda vez o que verdadeiramente deixamos de amar."
La Rochefoucauld, *Reflexões ou sentenças e máximas morais*

"Há uma espécie de amor cujo excesso impede a inveja."
La Rochefoucauld, *Reflexões ou sentenças e máximas morais*

2

A AMIZADE

O amigo é aquele a quem podemos telefonar no meio da noite para confiar nossas aflições, aquele que vem a nosso socorro sem fazer perguntas e que oferece um ombro compreensivo, a quem podemos contar qualquer coisa e que não julga. Ele compartilha conosco momentos de alegria e de tristeza, reconforta e tranquiliza... O amigo é aquele que compreende, que se alegra quando estamos felizes e que chora conosco quando estamos infelizes.

O verdadeiro amigo se reconhece pela franqueza. É aquele que ousa dizer-nos aquilo que ninguém ousa, que nos sacode, nos devolve a nosso lugar, nos diz a verdade e tem razão de dizê-la. Devemos aceitar tudo de um amigo. Ele é um cúmplice, um aliado, uma referência. Como duas irmãs ou dois irmãos que escolheram um ao outro. "Porque era ele; porque era eu", escreveu Montaigne sobre seu amigo La Boétie.

Não importa se o tempo, a distância e as escolhas às vezes afastam os amigos e afrouxam os laços de amizade. Devemos aceitar quando um amigo se afasta, assim como aceitamos quando ele chegou. Não é grave, o fio não se rompe.

Por isso, nunca esquecemos os amigos. Guardamos na memória as amizades da infância, as cumplicidades da adolescência. Amamos os amigos de ontem que continuam a nosso lado. Gostamos dos novos, não abandonamos os antigos. E podemos acreditar em Voltaire, que disse que "todas as riquezas do mundo não valem um bom amigo".

TER UM AMIGO

"Se conhecêssemos o preço de um verdadeiro amigo, passaríamos a vida procurando-o."

Montesquieu, *Elogio da sinceridade*

"Não há deserto mais terrível do que o de viver sem amigos. A amizade multiplica os bens e compartilha os males. É o único remédio contra a má sorte; é o respiradouro por onde a alma se alivia."

Gracián, *A arte da prudência*

"Saber conservar os amigos é mais importante do que saber conservar os bens."

Gracián, *A arte da prudência*

"Dentre as coisas com que a sabedoria se arma para a felicidade da vida, a mais importante, de longe, é a posse da amizade."

Epicuro, *Sentenças vaticanas*

"Por mais perfeitos que sejamos, às vezes precisamos de conselhos. Aquele que não dá ouvidos a nada é um louco incurável. O homem inteligente deve acolher os bons conselhos. Nem mesmo a soberania deve excluir a obediência. [...] Um amigo deve ter plena liberdade para falar e, inclusive, para repreender; a opinião que temos de sua fidelidade e de sua prudência deve dar-lhe essa autoridade. Mas essa familiaridade não deve ser comum a todos. Basta um único confidente secreto, de quem estimamos a correção, e de quem nos servimos, como de um espelho fiel, para nos esclarecer."

Gracián, *A arte da prudência*

"A amizade extrema e delicada pode ser ferida pelas pétalas de uma rosa."

Chamfort, *Máximas e pensamentos*

"O tempo, que fortalece as amizades, enfraquece o amor."
>> **La Bruyère**, *Personagens ou costumes do século*

"Um amigo fiel é o bastante; é muito tê-lo encontrado: não devemos ter muitos para o bem dos outros."
>> **La Bruyère**, *Personagens ou costumes do século*

"A amizade dança em torno do mundo habitado, proclamando a todos que precisamos acordar para louvar nossa felicidade."
>> **Epicuro**, *Sentenças vaticanas*

"Toda amizade é em si mesma uma virtude, mas tem origem na utilidade."
>> **Epicuro**, *Sentenças vaticanas*

"Um verdadeiro amigo é o maior de todos os bens e aquele que menos pensamos em adquirir."
>> **La Rochefoucauld**, *Reflexões ou sentenças e máximas morais*

"Poucas pessoas têm o coração forte o suficiente para dar conselhos desagradáveis."
>> **Cristina da Suécia**, *Máximas*

"A maior dificuldade da amizade não é mostrar nossos defeitos a um amigo; é fazê-lo ver os seus."
>> **La Rochefoucauld**, *Reflexões ou sentenças e máximas morais*

"Nada, portanto, encanta a alma tanto quanto uma amizade leal e terna. Como é bom reencontrar a alma irmã suscetível de acolher, com toda a segurança, qualquer segredo, de nos inspirar mais confiança do que temos em nós mesmos, com palavras que suavizam nossa angústia, com opiniões que nos ajudam a tomar nossa decisão, com o júbilo que dissipa nossa morosidade, cuja visão basta para nos encher de alegria! Claro que escolheremos nossos amigos tão livres de paixão quanto possível: porque o mal se desloca sorrateiramente, contamina aquele que o cerca e é facilmente contagioso."

Sêneca, *Da tranquilidade da alma*

"A verdadeira e sincera amizade pressupõe uma participação enérgica, puramente objetiva e totalmente desinteressada na felicidade e na infelicidade do outro, e essa participação pressupõe, por sua vez, uma verdadeira identificação do amigo com o amigo. O egoísmo da natureza humana é tão oposto a esse sentimento que a verdadeira amizade faz parte dessas coisas que não sabemos se são fábulas ou se existem em algum lugar, como a grande serpente marinha."

Schopenhauer, *Aforismos para a sabedoria de vida*

Não descuidar dos amigos

"Na boa sorte se prepara a má.

No verão, temos tempo de fazer provisões para o inverno, e com mais conforto. Na prosperidade, temos uma quantidade de amigos, e tudo com pouco esforço. É bom guardar alguma coisa para os tempos ruins, pois há falta de tudo na adversidade. Farás bem em não negligenciar teus amigos; virá o dia em que ficarás feliz por ter alguns, com os quais não te preocupas agora. As pessoas grosseiras nunca têm amigos, nem na prosperidade, porque não conhecem ninguém, nem na adversidade, porque ninguém as conhece então."

Gracián, *A arte da prudência*

"As amizades reatadas exigem mais cuidados do que as que nunca foram rompidas."

La Rochefoucauld, *Reflexões ou sentenças e máximas morais*

"Não podemos ir longe na amizade se não estivermos dispostos a nos perdoar uns aos outros por nossos pequenos defeitos."

La Bruyère, *Personagens ou costumes do século*

"Nada falta a um rei, exceto as doçuras da vida privada; ele só pode ser consolado por tão grande perda pelo encanto da amizade e pela fidelidade de seus amigos."

La Bruyère, *Personagens ou costumes do século*

"O que nos torna tão inconstantes em nossas amizades é o fato de ser difícil conhecer as qualidades da alma, e fácil conhecer as do espírito."

La Rochefoucauld, *Reflexões ou sentenças e máximas morais*

"A reconciliação com nossos inimigos nada mais é que um desejo de melhorar nossa situação, um cansaço da guerra e um temor de algum acontecimento ruim."

La Rochefoucauld, *Reflexões ou sentenças e máximas morais*

"No entanto, evitemos sobretudo as pessoas melancólicas, que estão sempre gemendo, que se apegam ao menor motivo de queixa. Mesmo leal e bondoso, um companheiro desconfortável dentro da própria pele e que está sempre gemendo é um inimigo de nossa tranquilidade."

Sêneca, *Da tranquilidade da alma*

"O afastamento e a distância prejudicam qualquer amizade, apesar de nem sempre admitirmos isso. As pessoas que não vemos, mesmo que sejam nossos mais caros amigos, se evaporam suavemente com o avanço do tempo até se tornarem noções abstratas, o que faz com que nosso interesse por elas se torne cada vez mais uma questão de razão, ou melhor, de tradição; o sentimento vivo e profundo permanece reservado aos que temos diante dos olhos, mesmo quando eles são apenas os animais que amamos."

Schopenhauer, *Aforismos para a sabedoria de vida*

"Sempre é doloroso deixar as pessoas que só conhecemos por um breve instante. Podemos aceitar com serenidade a ausência de amigos de longa data. Mas é quase insuportável ver-se separado, mesmo que momentaneamente, de alguém que acaba de nos ser apresentado."

Oscar Wilde, *Aforismos*

"É preciso brigar pelo favor daqueles a quem queremos bem mais do que pelo daqueles de quem esperamos o bem."

La Bruyère, *Personagens ou costumes do século*

"Só devemos olhar, nos amigos, a virtude que nos liga a eles, sem nenhum exame por sua boa ou má fortuna; e, quando nos sentimos capazes de segui-los na desgraça, devemos mantê-los com coragem e confiança até sua maior prosperidade."

La Bruyère, *Personagens ou costumes do século*

Desconfiar dos falsos amigos

Existe a amizade e existe a ilusão de amizade. Devemos nos proteger daqueles que são ambíguos, instáveis, hipócritas. Ser amigo de uma pessoa flutuante é como construir uma casa em terreno movediço. Quando as fundações não estão sólidas, a primeira tempestade derruba tudo. Aprendamos, portanto, a reconhecer o verdadeiro amigo. Alguns sinais não mentem...

"Os viajantes e a ursa
Dois amigos percorriam juntos um pedaço de caminho. Uma ursa surgiu de repente: um subiu rapidamente numa árvore, onde se

escondeu; o outro, prestes a ser alcançado, caiu no chão e se fingiu de morto. A ursa aproximou seu focinho e o cheirou um pouco – e nosso homem reteve a respiração (pois dizem que os ursos não atacam cadáveres). Depois que ela se afastou, seu companheiro, tendo descido da árvore, quis saber o que ela havia murmurado em seu ouvido: 'Não viaje com amigos que recuam diante do perigo', respondeu o outro.

A fábula mostra que no infortúnio reconhecemos os verdadeiros amigos."

Esopo, *Fábulas*

"Quantos amigos e quantos familiares nascem numa única noite após o anúncio de um novo ministro! Uns fazem valer suas antigas relações, a companhia nos estudos, os direitos de vizinhança; outros folheiam as genealogias, referem-se a trisavós, evocam o lado paterno e o materno; querem estar ligados a esse homem de qualquer maneira, e mencionam várias vezes o dia dessa ligação; com prazer mandariam imprimir: *É meu amigo e estou muito feliz por sua ascensão; devo participar dela, ele me é muito próximo*. Homens vãos e dedicados à fortuna, desagradáveis cortesãos, faraíeis assim há oito dias? Por acaso ele se tornou, nesse ínterim, mais homem de bem, mais digno da escolha que o príncipe acabou de fazer? Estaríeis esperando essa circunstância para conhecê-lo melhor?"

La Bruyère, *Personagens ou costumes do século*

"Sempre trata com pessoas ciosas de seus deveres. Podemos nos engajar em relação a elas, e engajá-las; o dever é a melhor caução, mesmo quando nos desentendemos, pois elas sempre agem segundo o que são. Além disso, melhor combater contra pessoas de bem do que triunfar sobre as desonestas. Não existem certezas quando lidamos com pessoas más, porque elas nunca se sentem obrigadas ao que é justo e sensato, por isso nunca existe amizade verdadeira entre elas; e, por maior que pareça sua afeição, é sempre de má qualidade, porque não é regida por qualquer princípio de honra.

Foge sempre do homem que não a tem, portanto, pois a honra é o assento da boa-fé. Quem não estima a honra não estima a virtude."

Gracián, *A arte da prudência*

"Aquilo que os homens chamaram amizade não passa de uma sociedade, de um arranjo recíproco de interesses e de uma troca de boas funções; não passa, por fim, de uma troca em que o amor-próprio sempre se propõe a ganhar alguma coisa."

La Rochefoucauld, *Reflexões ou sentenças e máximas morais*

"Devemos temer aqueles que amamos mais do que aqueles que odiamos."

Cristina da Suécia, *Máximas*

"O pastor e as cabras selvagens
   Um pastor que levava suas cabras para pastar percebeu que cabras selvagens tinham se misturado ao rebanho; à noite, conduziu todas a sua caverna. No dia seguinte, como uma violenta tempestade o impediu de reconduzi-las ao pasto como de costume, cuidou delas dentro da caverna: às que possuía, deu apenas o suficiente para que não morressem de fome; às cabras selvagens, ofereceu uma ração mais substancial, planejando ficar com elas. Quando o bom tempo voltou, conduziu todas as cabras às pastagens; as selvagens chegaram aos terrenos altos e fugiram. Ele as acusou de ingratidão, pois o abandonavam depois de terem recebido um tratamento especial. As cabras se voltaram e responderam: 'Razão a mais para ficarmos desconfiadas: pois se preferiste a nós a teu rebanho de sempre, tendo nos conhecido apenas ontem, é claro que, se novas cabras vierem a se juntar a ti, te preocuparás mais com elas do que conosco'.
   A fábula mostra que não devemos nos gabar da amizade de indivíduos que preferem a nós, últimos a chegar, aos antigos amigos: com o passar do tempo, quando eles fizerem novas amizades, terão mais estima por elas do que pela nossa."

Esopo, *Fábulas*

"O homem e o sátiro

Era uma vez um homem que fizera amizade com um sátiro. Com a chegada do inverno, passando frio, o homem levou as mãos à boca para soprar sobre elas: ao sátiro que lhe perguntou a razão daquele gesto, o homem explicou que aquecia as mãos por causa do frio. Mais tarde, a mesa foi posta. Como o prato estava muito quente, o homem cortou o alimento em pequenos pedaços, aproximou-os dos lábios e soprou-os. De novo, o sátiro perguntou a razão do gesto; o homem disse que esfriava a comida, que estava quente demais. 'Muito bem, companheiro!', concluiu o sátiro. 'Ponho um fim a nossa amizade, pois sopras com a mesma boca sobre o quente e sobre o frio.'

Nós também deveríamos fugir da amizade das pessoas de atitudes ambíguas."

Esopo, *Fábulas*

A amizade segundo Montaigne

Montaigne tinha 25 anos quando conheceu aquele que seu tornou seu único e exclusivo amigo, Étienne de La Boétie, em 1558. Entre os dois homens formou-se um laço de grande fraternidade. Infelizmente, essa amizade fora do comum chegou ao fim prematuramente, em 1563, com a morte brutal de La Boétie. Montaigne ficou profundamente abalado com o desaparecimento do amigo. Prestou-lhe homenagens póstumas em textos magníficos. Neles descobrimos o pranto por uma amizade interrompida antes da hora e uma espécie de culpa por ter sobrevivido. "Parece-me que roubo sua parte", ele escreveu.

"De resto, o que comumente chamamos amigos e amizades são apenas conhecidos e íntimos granjeados por alguma ocasião ou conveniência, por meio da qual nossas almas se mantêm unidas. Na amizade de que falo, elas se mesclam e se confundem uma à outra, numa mistura tão total que apagam e não mais encontram a costura que as uniu. Se me pressionam a dizer por que o amava, sinto que isso só pode ser expresso respondendo: porque era ele, porque era eu."

Montaigne, *Da amizade*

"Procurávamo-nos antes de termo-nos conhecido, e, por relatos que ouvíamos um sobre o outro, que causavam em nossa afeição mais efeito do que o implicado no conteúdo desses relatos, creio que por alguma ordem do céu. Por nossos nomes, já nos abraçávamos. E em nosso primeiro encontro, que por acaso foi em uma grande festa e reunião citadina, vimo-nos tão tomados, tão conhecidos, tão comprometidos entre nós, que desde então nada nos foi tão próximo como um do outro."

Montaigne, *Da amizade*

"Pois, na verdade, se comparo todo o resto de minha vida, embora com a graça de Deus ela tenha sido suave, confortável e, salvo a perda de tal amigo, isenta de aflição grave, cheia de tranquilidade de espírito, contentando-me com minhas qualidades naturais e originais, sem buscar outras, se a comparo, digo, toda ela aos quatro anos que me foram dados desfrutar da doce companhia e convivência dessa pessoa, ela não passa de fumaça, não passa de uma noite escura e tediosa. Desde o dia em que o perdi, não faço mais que me arrastar, abatido; e mesmo os prazeres que se oferecem a mim, em vez de me consolarem, redobram o desgosto de sua perda. Dividíamos tudo, parece-me que roubo sua parte."

Montaigne, *Da amizade*

3

COMPREENDER OS OUTROS

Que Sartre nos desculpe, mas o inferno nem sempre são os outros. Apesar de as relações humanas terem uma mecânica complexa que necessita de longo aprendizado e uma não menos longa prática, sempre temos muito a apreender nas trocas com os outros. Tendemos a fazer julgamentos lapidares sobre os que nos cercam, sejam eles próximos ou não. No entanto, existe uma maneira muito simples de compreender o outro: colocar-se em seu lugar. "Antes de julgar uma pessoa, caminhe ao longo de três luas em seus sapatos", lembra um provérbio indiano cheio de significados.

O ideal seria sermos tão indulgentes com os outros quanto somos com nós mesmos. Aceitar suas imperfeições, seus defeitos, suas indiscrições. Aliás, seremos nós mesmos isentos de críticas? Não seremos responsáveis pelos comportamentos que os outros têm para conosco? "O assassinado não é inocente de seu próprio assassinato", afirmou Gibran.

Vale meditar sobre isso, não?

"Assim como respeitamos as maneiras de ser que nos são próprias, tenham elas valor e sejam elas invejadas, ou não, da mesma forma é preciso respeitar as dos nossos próximos, se eles forem próximos o bastante."

Epicuro, *Sentenças vaticanas*

"Todas as coisas têm duas alças: uma por onde podemos carregá-la, outra por onde não podemos. Se teu irmão comete erros, não o consideres pelo lado dos erros; seria a alça por onde não se pode carregar nada. Considera-o de preferência pela outra, lembrando-te de que ele é teu irmão, de que foi alimentado contigo, e pegarás a coisa por onde ela pode ser carregada."

Epicteto, *Manual de Epicteto*

"Quando um homem tem a força de ser sincero, vereis certa coragem disseminada por todo o seu caráter, uma independência geral, um controle sobre ele mesmo igual ao que exercemos sobre os outros, uma alma livre das nuvens do medo e do terror, um amor pela virtude, um ódio pelo vício, um desprezo por aqueles que se entregam a ele. De uma haste tão nobre e tão bela, só podem nascer ramos de ouro."

Montesquieu, *Elogio da sinceridade*

"Os homens se assemelham às crianças que ficam com maus hábitos quando mimadas; portanto, não devemos ser indulgentes demais nem amáveis demais com ninguém. Assim como normalmente não perderemos um amigo por termos-lhe recusado um empréstimo, mas talvez por tê-lo concedido, da mesma forma não o perderemos por causa de uma atitude altiva e um pouco de negligência, mas talvez por um excesso de amabilidade e atenção: ele então se torna arrogante, insuportável, e o rompimento não tarda a acontecer. É sobretudo a ideia de que precisamos deles que os homens não podem absolutamente suportar; ela sempre vem acompanhada de arrogância e presunção."

Schopenhauer, *Aforismos para a sabedoria de vida*

"Quando suspeitar que alguém está mentindo, finja credulidade; ele então se tornará audacioso, mentirá mais ainda e será desmascarado. Se notar, pelo contrário, que uma verdade que ele gostaria de dissimular escapou-lhe em parte, faça-se de incrédulo, a fim de que, provocado pela contradição, ele perca toda a reserva e faça a verdade aparecer completamente."

Schopenhauer, *Aforismos para a sabedoria de vida*

"Outra fonte de felicidade é manter-se isento de preconceitos, e cabe a nós nos desfazermos deles. Todos temos o espírito necessário para examinar as coisas nas quais querem nos obrigar a acreditar; para saber, por exemplo, se dois e dois são quatro, ou cinco; aliás, nesse século, não faltam auxílios para se instruir."

Madame du Châtelet, *Discurso sobre a felicidade*

"Como te comportaste até hoje com os deuses, com teus pais, teus irmãos, tua mulher, teus filhos, teus mestres, teus governantes, teus amigos, teus familiares, teus servidores? Tu te conduziste para com eles segundo o princípio de 'Não fazer o mal a ninguém e nunca falar mal de ninguém'?"

Marco Aurélio, *Meditações*

"Ele também se lembra de que todos os seres sensatos são parentes e que amar a todos os homens está de acordo com a natureza do homem, que não se deve levar em conta a opinião das massas, somente a daqueles que vivem de acordo com a natureza."

Marco Aurélio, *Meditações*

"As perguntas nunca são indiscretas; as respostas, por vezes, sim."

Oscar Wilde, *Aforismos*

"Nossos dias são curtos demais para que endossemos os tormentos dos outros. Cada homem vive a própria vida e paga o preço de vivê-la. No entanto, é uma pena termos que pagar tanto por cada erro. De fato, estamos sempre pagando e pagando de novo. Em suas transações com os homens, o destino nunca fecha as contas."

Oscar Wilde, *Aforismos*

"Ser bom é estar em harmonia consigo mesmo. A discórdia é ser forçado a estar em harmonia com os outros."

Oscar Wilde, *Aforismos*

"Aqueles que penetram sob a superfície das coisas fazem-no por sua própria conta e risco."

Oscar Wilde, *Aforismos*

"Quando punimos, nem sempre somos temidos, mas, quando não punimos, sempre somos desprezados."

Cristina da Suécia, *Máximas*

"Para algumas pessoas, os segredos pesam tanto quanto um fardo."

Cristina da Suécia, *Máximas*

"Todos temos força suficiente para suportar os males dos outros."

La Rochefoucauld, *Reflexões ou sentenças e máximas morais*

"Confessamos nossos defeitos para reparar, com nossa sinceridade, o mal que eles nos causam na mente dos outros."

La Rochefoucauld, *Reflexões ou sentenças e máximas morais*

"Nada é mais contagioso que o exemplo, e nunca fazemos grandes bens ou grandes males que não produzam outros semelhantes. Imitamos as boas ações por emulação e as más pela malignidade de nossa natureza, que a vergonha mantinha prisioneira e que o exemplo põe em liberdade."

La Rochefoucauld, *Reflexões ou sentenças e máximas morais*

"Como é difícil que várias pessoas possam ter os mesmos interesses, é no mínimo necessário, para a suavidade da sociedade, que eles não sejam opostos. Devemos antecipar o que pode agradar a nossos amigos, procurar os meios de ser-lhes úteis, de poupar-lhes as tristezas, de fazê-los ver que as compartilhamos quando não podemos evitá-las, de apagá-las discretamente sem querer arrancá-las de uma só vez e de substituí-las por objetos agradáveis, ou no mínimo que os ocupem. Podemos falar das coisas que lhes dizem respeito, mas apenas na medida em que eles permitirem, e devemos manter a moderação; há educação, e às vezes mesmo humanidade, em não entrar demais nos meandros de seus corações; eles com frequência têm dificuldade para ver tudo o que conhecem, e mais ainda quando penetramos aquilo que não conhecem. Apesar de as trocas entre as pessoas honestas as tornarem familiares e lhes fornecerem um número infinito de assuntos para falar com sinceridade, quase ninguém tem suavidade e bom senso o suficiente para aceitar várias opiniões que são necessárias para manter a sociedade; queremos ser avisados até certo ponto, mas não em todas as coisas, e tememos conhecer todas as verdades. Assim como devemos manter certa distância para enxergar os objetos, também devemos mantê-la em sociedade: cada um tem um ponto de vista a partir do qual quer ser olhado; temos razão, na maioria das vezes, de não querermos ser iluminados demais, e quase nenhum homem quer, em todas as coisas, deixar-se ver tal como é."

La Rochefoucauld, *Reflexões ou sentenças e máximas morais*

Da tolerância

"Abster-se de culpar; não criticar de maneira ofensiva aqueles que cometeram uma barbárie, um solecismo ou algum erro chocante, mas proferir com retidão o único termo que deve ser proferido, sob a aparência de uma resposta, de testemunho em apoio ou de um exame comum sobre a essência da coisa e não sobre sua forma, ou por algum outro meio de aviso ocasional e discreto."

Marco Aurélio, *Meditações*

"Se puderes, dissuade-os; se não puderes, lembra-te de que a benevolência te foi dada para isso. Os próprios deuses são benevolentes para com as pessoas assim; muitas vezes, inclusive, ajudam-nas a alcançar a saúde, a riqueza e a glória, tamanha sua bondade! Isso é possível a ti também; senão, diz-me, o que te impede?"

Marco Aurélio, *Meditações*

"Quando ele se engana, instrui-o com benevolência e mostra sua confusão. Mas, se não puderes, acusa somente a ti, ou nem mesmo a ti."

Marco Aurélio, *Meditações*

"Como é difícil ficar satisfeito com alguém!"

La Bruyère, *Personagens ou costumes do século*

"Não nos irritemos contra os homens por ver sua rudeza, sua ingratidão, sua injustiça, seu orgulho, seu amor-próprio e seu esquecimento dos outros: eles são feitos assim, é sua natureza, seria o mesmo que não poder tolerar que a pedra caia ou que o fogo se eleve."

La Bruyère, *Personagens ou costumes do século*

"Não podeis separar o justo do injusto, nem o bom do ruim,
 Pois eles estão juntos diante do sol,
 assim como o fio preto foi tecido junto com o branco.
 Quando o fio negro se rompe, o tecelão verifica toda
 a tela e examina o tear."

Gibran, *O profeta*

"Quando queremos nos tornar filósofos, não devemos nos desencorajar com as primeiras descobertas aflitivas que fazemos do conhecimento dos homens. É preciso, para conhecê-los, triunfar sobre o descontentamento que eles trazem, como o anatomista triunfa sobre a natureza, seus órgãos e seu nojo, para se tornar hábil em sua arte."

Chamfort, *Máximas e pensamentos*

"Para ser amado, é preciso amar, é preciso ser bondoso, é preciso dar boas palavras e, também, melhores efeitos. A cortesia é a magia política dos grandes."

Gracián, *A arte da prudência*

"Saber colher o que há de bom em cada homem é um útil saber. O sábio tem apreço por todos, porque conhece o que cada um tem de bom e o quanto as coisas custam para serem bem feitas."

Gracián, *A arte da prudência*

"Não se pode ensinar nada de novo aos homens sobre seus defeitos e méritos."

Cristina da Suécia, *Máximas*

"Os homens, vivendo em sociedade, não tiveram a vantagem dos animais de obter meios de viver de maneira mais agradável. Deus quis que eles vivessem em comunidade para servirem de guias uns aos outros, para que pudessem ver pelos olhos dos outros o que o amor-próprio lhes esconde e para que, por fim, através de uma sagrada troca de confiança, pudessem dizer-se e transmitir-se a verdade."

Montesquieu, *Elogio da sinceridade*

"É preciso que se busque apenas pensar e falar o que é justo, sem querer levar os outros a nosso gosto e a nossos sentimentos; trata-se de tarefa grande demais."

La Bruyère, *Personagens ou costumes do século*

"Existem homens que não ouvem nem a razão, nem os bons conselhos, e que se desviam voluntariamente por medo de serem governados.

Outros aceitam ser governados pelos amigos em coisas quase insignificantes e se atribuem o direito de governá-los, por sua vez, em coisas graves e importantes."

La Bruyère, *Personagens ou costumes do século*

"As crianças são altivas, desdenhosas, coléricas, invejosas, curiosas, interessadas, preguiçosas, volúveis, tímidas, imoderadas, mentirosas, dissimuladas; elas riem e choram com facilidade; elas têm alegrias imoderadas e aflições amargas a respeito de pequeníssimas coisas; elas não querem sofrer o mal e adoram cometê-lo: já são homens."

La Bruyère, *Personagens ou costumes do século*

4

A VIDA EM SOCIEDADE

Por um lado, existe a vida em sociedade, com seus códigos, convenções, referências e regras de educação, em que cada um se obriga pouco ou muito a ter uma linguagem conveniente, gestos adequados. Difícil escapar desse teatro das aparências que rege a maioria de nossas relações com os outros. Difícil ignorá-lo, também, se não quisermos passar por mal-educados e nos isolarmos do mundo.

Por outro lado, há muito a se aprender de nossos comportamentos em sociedade. A esse respeito, logo mais aparecerão excertos que La Bruyère escreveu em Personagens ou costumes do século, *espécie de interpretação universal de nossos comportamentos. Um livro rico em ensinamentos. Pois, apesar de os costumes evoluírem, constatamos grandes semelhanças entre os usos e costumes de ontem e hoje. Como um grande observador dos comportamentos humanos, La Bruyère dissecou nossas atitudes, nossos erros, nossas pequenas baixezas, com a agudeza e a falta de concessão que o caracterizam. Ele não tem complacência, é engraçado. E às vezes sorrimos por nos reconhecermos em certas frases...*

"Não saber dissimular é não saber viver."

Cristina da Suécia, *Máximas*

"A fortuna muitas vezes dissimula as pessoas; mas as circunstâncias as desmascaram."

Cristina da Suécia, *Máximas*

"Em todas as profissões, cada um afeta um semblante e uma aparência para parecer o que quer que os outros acreditem. Assim, podemos dizer que o mundo é composto apenas de aparências."

La Rochefoucauld, *Reflexões ou sentenças e máximas morais*

"É mais necessário estudar os homens do que os livros."

La Rochefoucauld, *Reflexões ou sentenças e máximas morais*

"Podemos ser mais refinados que outro, mas não mais refinados que todos os outros."

La Rochefoucauld, *Reflexões ou sentenças e máximas morais*

"Uma das coisas que fazem com que encontremos tão poucas pessoas que pareçam sensatas e de conversa agradável é o fato de não haver quase ninguém que não pense mais no que quer dizer do que em responder com exatidão ao que lhe é perguntado. Os mais hábeis e condescendentes contentam-se em mostrar um rosto atento, enquanto vemos em seus olhos e em seu espírito uma desatenção em relação ao que dizemos e uma pressa para voltar ao que eles mesmos querem dizer; em vez disso, deveriam considerar que agradar aos outros ou convencê-los e tentar com tanta força agradar a si mesmo são meios ruins, e que ouvir e responder com atenção é uma das maiores perfeições que podemos ter na arte da conversação."

La Rochefoucauld, *Reflexões ou sentenças e máximas morais*

"Nas grandes coisas, os homens se mostram como lhes convém se mostrar; nas pequenas, mostram-se como são."

Chamfort, *Máximas e pensamentos*

"Age da seguinte maneira: se a fortuna te afastar das primeiras fileiras do Estado, aguenta firme, grita teus incentivos e, mesmo que sufoquem tua voz, aguenta firme e demonstra teu apoio em silêncio. A atividade de um bom cidadão nunca é supérflua: ouvimos, vemos. A expressão do rosto, os sinais de cabeça, a muda determinação e mesmo o andar são maneiras de se tornar útil."

Sêneca, *Da tranquilidade da alma*

"Eles vagam sem objetivo preciso, à espreita de uma ocupação, e, quando fazem alguma coisa, não é o que decidiram fazer, mas aquilo que o acaso lhes apresentou. Eles se agitam de maneira irrefletida e vã: parecem formigas que percorrem as árvores até o topo e logo voltam a descer, por nada. Muitas pessoas vivem assim, e não é sem razão que poderíamos chamar de agitada sua inação!"

Sêneca, *Da tranquilidade da alma*

"Existe outra fonte de tormentos que não é negligenciável: quando atribuímos um cuidado doentio à interpretação de um personagem e não nos mostramos a ninguém tal como somos; muitos de nós levam esse tipo de vida artificial e voltada para as aparências: de fato, sofremos o martírio de precisarmos vigiar a nós mesmos de maneira constante e temermos ser surpreendidos sob outra luz que não aquela sob a qual nos mostramos habitualmente. Nunca conhecemos descanso, pois pensamos ser julgados a cada olhar pousado sobre nós. Corremos o risco a cada instante de sermos desmascarados e, supondo que mantemos essa vigilância a todo momento, a vida não é agradável ou tranquila para quem vive sempre dissimulado."

Sêneca, *Da tranquilidade da alma*

"Atribuir valor demais à opinião é uma superstição universal; quer tenha raízes em nossa própria natureza, quer tenha seguido o nascimento das sociedades e da civilização, é certo que ela exerce sobre toda a nossa conduta uma influência desmesurada e hostil à nossa felicidade."

Schopenhauer, *Aforismos para a sabedoria de vida*

"Em relação à felicidade própria ao indivíduo [...], devemos, ao contrário, dissuadi-lo de atribuir um valor demasiado à opinião dos outros. Se, no entanto, como nos ensina a experiência, o fato se apresenta a cada dia, se aquilo que a maioria das pessoas mais estima é justamente a opinião do outro em relação a elas e se elas se preocupam mais com isso do que com aquilo que, *ocorrendo em suas próprias vidas*, existe imediatamente para elas, se, portanto, por uma inversão da ordem natural é a opinião que lhes parece ser a parte real da vida, a outra não passando de uma parte ideal, se elas fazem do que é derivado e secundário o objeto principal e se a imagem de sua pessoa na cabeça dos outros lhes é mais importante do que sua própria pessoa, essa apreciação direta daquilo que, diretamente, não existe para ninguém constitui a loucura a que damos o nome de *vaidade*, para indicar com isso o que há de vazio e quimérico nessa tendência."

Schopenhauer, *Aforismos para a sabedoria de vida*

"O extremo prazer que sentimos em falar de nós mesmos deve nos fazer temer não proporcionar nenhum aos que nos ouvem."

La Rochefoucauld, *Reflexões ou sentenças e máximas morais*

"Não encontramos muitas pessoas de bom senso, apenas as que compartilham de nossas opiniões."

La Rochefoucauld, *Reflexões ou sentenças e máximas morais*

"O exterior do homem é a fachada da alma."

Gracián, *A arte da prudência*

"Algumas pessoas se assemelham a um recipiente novo, que sempre adquire o cheiro do primeiro licor, bom ou ruim, nele derramado."

Gracián, *A arte da prudência*

A vida em sociedade segundo La Bruyère

"Saibam exatamente o que esperar dos homens em geral e de cada um em particular, e depois dediquem-se ao comércio do mundo."

La Bruyère, *Personagens ou costumes do século*

"Se prestássemos séria atenção a tudo o que se diz de frio, vão e pueril nas conversas corriqueiras, teríamos vergonha de falar ou de ouvir, e talvez nos condenássemos a um silêncio perpétuo, que seria uma coisa pior, no convívio entre os homens, do que os discursos inúteis. É preciso, portanto, adaptar-se a todos os espíritos, permitir como um mal necessário o relato de falsas notícias, as vagas reflexões sobre o governo atual ou sobre o interesse dos príncipes, a expressão dos belos sentimentos, que são sempre os mesmos; é preciso deixar Aronce dizer provérbios e Mélinde falar de si, de seus gases, de suas enxaquecas e de suas insônias."

La Bruyère, *Personagens ou costumes do século*

"Falamos com ímpeto durante as conversas, muitas vezes por vaidade ou por humor, raramente com suficiente atenção: ocupados com o desejo de responder ao que não se ouve, seguimos nossas ideias e as explicamos sem a menor consideração pelos argumentos do outro; estamos longe de encontrar juntos a verdade, ainda não reconhecemos aquela que procuramos. Quem pudesse ouvir conversas do tipo e transcrevê-las às vezes talvez revelasse coisas boas que não resultam em nada."

La Bruyère, *Personagens ou costumes do século*

"À medida que os favores e os grandes bens são retirados de um homem, eles deixam transparecer o ridículo que encobriam e que ali estava sem que ninguém percebesse."

La Bruyère, *Personagens ou costumes do século*

"Abrimos as portas e nos expomos todas as manhãs para enganar nosso mundo; fechamo-nos à noite depois de termos enganado o dia todo."

La Bruyère, *Personagens ou costumes do século*

"Só existem duas maneiras de se instruir no mundo, pela própria habilidade ou pela imbecilidade dos outros."

La Bruyère, *Personagens ou costumes do século*

"Os traços revelam a compleição e os costumes; mas a fisionomia designa os bens de fortuna: mil libras de renda a mais ou a menos se acham inscritas nos rostos."

La Bruyère, *Personagens ou costumes do século*

"Da mesma base de orgulho a partir da qual nos elevamos altivamente acima de nossos inferiores, rastejamos de maneira vil diante daqueles que estão acima de nós. A característica desse vício, que não está fundado nem no mérito pessoal nem na virtude, mas nas riquezas, nos cargos, no crédito e nas ciências vãs, é levar-nos também a desprezar aqueles que têm menos desse tipo de bens do que nós e a estimar demais aqueles que os têm em maior medida do que a nossa."

La Bruyère, *Personagens ou costumes do século*

"A incivilidade não é um vício da alma, ela é o efeito de vários vícios: da tola vaidade, da ignorância de seus deveres, da preguiça, da estupidez, da distração, do desprezo pelos outros, da inveja. Por se espalhar somente nas aparências, ela é ainda mais odiosa, porque é sempre um defeito visível e manifesto. É verdade, porém, que ele ofende mais ou menos, dependendo da causa que o produz."

La Bruyère, *Personagens ou costumes do século*

"Os homens agem com indolência diante das coisas que são seus deveres, ao passo que consideram um mérito, ou melhor, uma vaidade, da pressa em realizar as coisas que lhes são estrangeiras e que não convêm a sua condição nem a seu caráter."

La Bruyère, *Personagens ou costumes do século*

"Não se deve julgar os homens como um quadro ou uma figura, com um único olhar: ele tem um interior e um coração que devem ser vasculhados. O véu da modéstia cobre o mérito e a máscara da hipocrisia esconde a maldade. Existe apenas um pequeníssimo número de conhecedores que os distingue e que tem o direito de pronunciá-los; é aos poucos, e pela força do tempo e das circunstâncias, que a virtude perfeita e o vício consumado enfim se manifestam."

La Bruyère, *Personagens ou costumes do século*

"Uma circunstância essencial à justiça que devemos aos outros é fazer prontamente e sem demora: fazer esperar é injustiça.
Aqueles que fazem o que devem, fazem bem, ou fazem o que devem. Aquele que em sua conduta deixa dizerem por muito tempo que fará bem, faz muito mal."

La Bruyère, *Personagens ou costumes do século*

"Um homem na moda dura pouco, pois as modas passam; se por acaso for homem de mérito, não será aniquilado e subsistirá por alguma coisa: igualmente estimável, será apenas menos estimado. A virtude tem a felicidade de bastar-se a si mesma e de saber viver sem admiradores, aliados e protetores; além de não a prejudicarem, a falta de apoio e de aprovação a conservam, depuram e aperfeiçoam; estando na moda ou não, ela continua sendo virtude."

La Bruyère, *Personagens ou costumes do século*

5

A FAMÍLIA

Nós a amamos ou amaldiçoamos, vivendo perto ou longe dela, não importa. A família, nossos pais, nossos irmãos e irmãs, representa aquilo que nos forjou e consolidou. As famílias têm suas regras, suas leis, suas referências. Podemos concordar ou não com elas, podemos nos afastar dela, mas nunca devemos renegá-la. Quaisquer que sejam as relações que mantemos com ela, continua sendo uma entidade forte que constitui um refúgio, uma ilha de amor e compreensão. Devemos aproveitar o fato de termos pais e uma família enquanto eles ainda existem. Em última instância, é quase sempre a ela que recorremos e é ela que nos acolhe. "A vida em família", escreveu Sainte-Beuve, "está cheia de espinhos e preocupações, mas preocupações frutíferas." Os sábios chineses preconizam que não nos afastemos dela e lembram que a família é a riqueza mais bela.

"Depois de um bom jantar, podemos perdoar todo mundo, até nossa família."

Oscar Wilde, *Aforismos*

"As crianças começam amando os pais; crescendo, começam a julgá-los – às vezes, elas os perdoam."

Oscar Wilde, *Aforismos*

"Os filhos do camponês
    Os filhos de um camponês não conseguiam se entender. Apesar de seus pedidos insistentes, como não conseguia convencê-los a se

corrigir, ele decidiu ilustrar sua fala e pediu que lhe trouxessem um feixe de gravetos. Depois que foram buscá-lo, ele estendeu os gravetos atados e ordenou que os quebrassem: seus filhos se esforçaram ao máximo, mas não conseguiram. Então, depois de desatar o feixe, deu um graveto para cada um e eles os quebraram sem dificuldade. 'Vocês também, meus filhos', concluiu o camponês, 'se viverem em bom entendimento, não ficarão expostos a seus inimigos; mas, se estiverem brigados, serão uma presa fácil.'

A fábula mostra que, assim como a união faz a força, a discórdia pode ser vencida com facilidade."

Esopo, *Fábulas*

"Tende em mente a idade de vossos pai e mãe: que esse pensamento seja vossa alegria e vossa inquietude."

Confúcio, *Os analectos*

"Uma carta da família vale mil moedas de ouro."

Provérbio chinês

"Escolhemos os amigos, nunca a família."

Renaud, "Mon beauf"

"Sois os arcos a partir dos quais vossos filhos, como flechas vivas, são lançados."

Gibran, *O profeta*

"As crianças não têm nem passado nem futuro e, o que raramente nos acontece, desfrutam do presente."

La Bruyère, *Personagens ou costumes do século*

Terceira parte

A serenidade segundo a sabedoria chinesa

Desde a Antiguidade, a sabedoria chinesa se baseia nas forças do yin e do yang. Na filosofia taoista chinesa, o yin pode ser comparado a uma noção de passividade. É a matéria inerte e tudo o que se relaciona de perto ou de longe com a natureza. No lado oposto, o yang corresponde à noção de atividade e de força vital. Alguns, os taoistas, discípulos de Lao-Tsé, baseiam sua filosofia na natureza e preconizam uma forma de submissão à ordem natural das coisas. Outros, como os adeptos de Confúcio, se referem mais às virtudes morais e aos comportamentos do homem no universo. Apesar das diferenças, ambos buscam a paz interior do indivíduo através de uma conduta sensata, livre de excessos, e recomendam uma vida em harmonia com as leis da natureza. Essa filosofia poderia ser mais ou menos resumida da seguinte maneira: aceitar seu destino de homem em conformidade com o equilíbrio natural do universo.

Alguns desses preceitos vêm de tempos imemoriais, outros são mais recentes. O que os caracteriza como um todo é seu realismo. Os sábios chineses gostam de entremear suas sentenças com imagens cheias de inocência e poesia, mas sempre eloquentes. Não se trata de abstração, mas de uma lógica simples e clara, atestada por comparações com as crianças, as árvores, as plantas, os animais. É sem dúvida essa simplicidade que torna os provérbios chineses tão populares e adequados. Eles purificam a mente com suas inúmeras lembranças das evidências que tendemos a esquecer. São uma espécie de vade-mécum moral, cheios de sabedoria e bom senso, que podem ser lidos e relidos quando necessário. E meditados.

A LEI DA NATUREZA

"Teus dias vêm e depois se vão; quem conhece a razão?"

Lao-Tsé

"Os anos e os meses não esperam ninguém."

Provérbio chinês

"Velho ou não, cada um é que sabe."

Provérbio chinês

"Não passe os dias ocioso, a juventude não volta jamais."

Provérbio chinês

"Tudo passa como esta água; nada se detém, nem dia nem noite."

Confúcio

"A água corrente nunca se corrompe."

Provérbio chinês

"A erva daninha não deve ser cortada, mas desenraizada."

Provérbio chinês

"A água não permanece nas montanhas, nem a vingança em um coração nobre."

Provérbio chinês

"Mais vale acender uma única e minúscula vela do que maldizer a escuridão."

Provérbio chinês

"Não existem rosas de cem dias."

Provérbio chinês

"O augusto céu não se mostra injusto para com aqueles que dão seu melhor."

Provérbio chinês

"Conhecemos uma boa fonte na hora da seca e um bom amigo na hora da adversidade."

Provérbio chinês

"Num excelente cavalo, não é a força o que mais apreciamos, mas a docilidade."

Confúcio

"Derramar água fria na panela fervente não é o mesmo que retirar a lenha do fogo."

Provérbio chinês

"Se não for sustentada por uma estaca, a jovem árvore facilmente se curva."

Provérbio chinês

"A porta mais bem fechada é aquela que podemos deixar aberta."

Provérbio chinês

"Não tome por espelho as águas cristalinas, tome os homens."

Shujing

"Os belos caminhos não levam longe."

Provérbio chinês

"É mais fácil caminhar do que apagar os rastros de seus passos depois de ter caminhado."

Chuang-Tzu

"Quando a estrada é longa, conhecemos a força do cavalo; quando um negócio é demorado, conhecemos a vontade de um homem."

Provérbio chinês

"A bosta de vaca é mais útil que os dogmas. Podemos fazer adubo com ela."

Mao Tsé-Tung

"O rio tranquilo tem margens floridas."

Provérbio chinês

"Quando o vento não sopra, a árvore não se agita."

Provérbio chinês

"O hábito se torna natureza."

Provérbio chinês

"A folha que cai retorna à raiz."

Provérbio chinês

"Quando a lua está cheia, ela começa a minguar; quando as águas estão altas, elas transbordam."

Provérbio chinês

"Quando o céu envia seus infortúnios, podemos nos proteger; mas ninguém pode escapar dos males que atrai para si mesmo."

Provérbio chinês

"A rosa só tem espinhos para quem quer colhê-la."

Provérbio chinês

"Uma única rachadura pode naufragar um barco."

Provérbio chinês

"Uma pequena centelha negligenciada pode causar um grande incêndio."

Provérbio chinês

"Um cão não é um bom cão por latir bastante."

Chuang-Tzu

"Cordeiro em pele de tigre ainda tem medo de lobo."

Provérbio chinês

"A montanha e a água acabarão se encontrando."

Provérbio chinês

"As palavras, uma vez ditas, são como as montanhas."

Provérbio chinês

Os comportamentos humanos

"Um homem feliz é um barco que navega sob vento favorável."

Provérbio chinês

"Qual a suprema felicidade aqui neste mundo? É ouvir a canção de uma garotinha que se afasta depois de haver perguntado seu caminho."

Li Bai

"Aquele que sabe se contentar estará sempre contente."

Lao-Tsé

"Sorrir três vezes todos os dias torna inútil qualquer medicamento."
Provérbio chinês

"Sorrir é rejuvenescer dez anos; entristecer-se é fazer-se cabelos brancos."
Provérbio chinês

"O mais forte é aquele que sabe vencer a si mesmo."
Provérbio chinês

"O homem de bem é reto e justo, mas não rígido e inflexível; ele sabe inclinar-se, mas não se curvar."
Confúcio

"Aquele que visa à perfeição estará acima da mediocridade; mas aquele que visa à mediocridade cairá mais ainda."
Confúcio

"Não é preciso elevar a voz quando se tem razão."
Provérbio chinês

"O homem satisfeito com seu destino não conhece a ruína."
Lao-Tsé

"Nada é difícil para os que têm determinação."
Provérbio chinês

"Tendo serenidade, como não ter felicidade?"
Provérbio chinês

"Quando um homem de bem entra numa casa, os de fora chegam."
Provérbio chinês

"O sábio teme a celebridade tanto quanto a ignomínia."
Lao-Tsé

"Onde há vantagem, necessariamente há inconveniente."
Provérbio chinês

"O amor é todo olhos, e não enxerga."
Provérbio chinês

"Quem ama uma rã fará dela uma deusa."
Provérbio chinês

"Uma palavra vinda do coração aquece durante três invernos."
Provérbio chinês

"Os corações mais próximos não são os que se tocam."
Provérbio chinês

"Por mais que o espírito percorra mais caminhos que o coração, ele nunca vai tão longe."
Provérbio chinês

"O fundo do coração é mais longe que o fim do mundo."
Provérbio chinês

"Choça onde se ri vale mais que palácio onde se chora."
Provérbio chinês

"Não te afastes tanto enquanto teus pais estiverem aqui."

Confúcio, Os analectos

"Quando tudo vai bem podemos contar com os outros, quando tudo vai mal só podemos contar com a família."

Provérbio chinês

"Em vez de aguardar e esperar o tempo, não será melhor utilizar seu tempo?"

Xun Zi

"Quem se apega ao dinheiro atrai afrontas; quem se apega ao poder se esgota; quem vive na ociosidade nela se afoga; quem se habitua ao bem-estar se torna seu escravo. Que vida enferma!"

Chuang-Tzu

"Cuido de viver bem para morrer bem."

Chuang-Tzu

"Não é o céu que corta prematuramente o fio da vida dos homens; são os homens que, com seus desregramentos, atraem para si a morte no meio de suas vidas."

Mêncio

"Entre as coisas que temo, algumas são mais temíveis que a morte."

Mêncio

"O destino dos homens é morrer... Por que me entristecer, se meu destino é normal e o mesmo de todos os humanos?"

Lie-Tsé

"Não há nada mais deplorável do que a morte do coração; a morte do homem é secundária."

Provérbio chinês

"Nem os ricos têm um método para morrer."

Provérbio chinês

"De tudo o que há no homem, nada é melhor que a pupila do olho: ela não sabe esconder o que o coração tem de ruim."

Mêncio

"Não podemos medir o mar; não podemos sondar o coração do homem."

Provérbio chinês

"Aquele que sabe uma coisa não vale aquele que o ama. Aquele que ama uma coisa não vale aquele que faz dela sua alegria."

Confúcio, *Os analectos*

"O homem bom começa pelo mais difícil e só colhe em última instância."

Confúcio, *Os analectos*

"As conveniências da sociedade conduzem à desconfiança; a desconfiança leva às suspeitas; as suspeitas, à sutileza; a sutileza, à maldade; e a maldade leva a tudo."

Provérbio chinês

"Cada golpe de cólera é um golpe de velho, cada sorriso é um golpe de jovem."

Provérbio chinês

"Quem consegue dominar uma cólera passageira evita cem dias de miséria."

Provérbio chinês

"O grande defeito dos homens é abandonar seus próprios campos para colher o joio do dos outros."

Mêncio

"Acima de tudo, cultive a fidelidade e a boa-fé. Não busque a amizade daqueles que não a merecem."

Confúcio, *Os analectos*

"Quem pode extrair uma nova verdade de um saber antigo tem qualidade para ensinar."

Confúcio, *Os analectos*

"O verdadeiro saber é reconhecer que sabemos o que sabemos, e que não sabemos o que não sabemos."

Confúcio, *Os analectos*

"Nas cerimônias, prefira a simplicidade à opulência; nos funerais, prefira as lágrimas à pompa."

Confúcio, *Os analectos*

"O homem bom goza tranquilamente de sua bondade, o homem sábio a utiliza."

Confúcio, *Os analectos*

"Somente um homem plenamente humano sabe amar bem e odiar bem."

Confúcio, *Os analectos*

"Nos esforcemos em ser plenamente humanos e não haverá lugar para o mal."

Confúcio, *Os analectos*

"O homem honesto espera justiça, o homem vulgar espera favores."

Confúcio, *Os analectos*

"Mil súplicas não valem uma ameaça."

Provérbio chinês

"O homem honesto encara as coisas do ponto de vista da justiça, o homem vulgar, do ponto de vista de seu interesse."

Confúcio, *Os analectos*

"Quando encontrar um homem virtuoso, tente igualar-se a ele. Quando encontrar um homem desprovido de virtude, examine seus próprios defeitos."

Confúcio, *Os analectos*

"Tome três homens ao acaso nas ruas: eles terão necessariamente alguma coisa a ensinar. As qualidades de um servirão de modelo, os defeitos de outro, de lição."

Confúcio, *Os analectos*

"O imprevidente cava um poço quando tem sede."

Provérbio chinês

"Se partes por um dia, leva provisões para dois; se viajas no verão, leva tuas roupas de inverno."

Provérbio chinês

"Se não nos esforçamos quando éramos jovens e fortes, inútil nos lamentarmos quando estamos velhos."

Provérbio chinês

"Se não tratares bem aqueles que deverias tratar melhor, não tratarás bem a ninguém."

Mêncio

"Aqueles que têm a língua solta criam para si uma multidão de inimigos."

Confúcio, Os analectos

"O caminho do dever sempre está perto; o homem, no entanto, o procura longe de si."

Provérbio chinês

"Recue um passo e tudo se ampliará espontaneamente."

Provérbio chinês

"Assim como as riquezas ornam e embelezam a casa, as intenções puras e sinceras ornam e embelezam a pessoa."

Confúcio

"Cem 'nãos' fazem menos mal do que um 'sim' nunca cumprido."

Provérbio chinês

"O homem medíocre considera um pouco de bem como sem valor, e não o pratica; e ele considera um pouco de mal como não prejudicial, e não o evita."

Confúcio

"O homem de bem pede apenas para si mesmo; o homem medíocre pede tudo aos outros."

Confúcio

"Quando o inferior está à vontade, o superior está tranquilo."

I Ching

"Pratica a flexibilidade e te tornarás firme; exercita-te na fraqueza e te tornarás forte."

Lie-Tsé

"Falar não faz o arroz cozinhar."

Provérbio chinês

"A tagarelice é a espuma das águas; a ação é uma gota de ouro."

Provérbio chinês

"Observe atentamente a conduta das pessoas, você poderá prever o futuro, a infelicidade e a felicidade delas."

Lie-Tsé

"Quem reconhece sua ignorância não é realmente ignorante; quem reconhece seu desvio não está realmente perdido."

Chuang-Tzu

"Aquele que gosta de pedir conselhos crescerá."

Provérbio chinês

"Aquele que não progride a cada dia recua a cada dia."

Confúcio

"O saber que não aumentamos todos os dias diminui todos os dias."

Provérbio chinês

"O sábio que tudo viu não vale o homem que faz com as próprias mãos."

Provérbio chinês

"Um dia vale por três para aquele que faz cada coisa a seu tempo."

Provérbio chinês

"Riquezas e honras injustamente obtidas não são mais sólidas que a nuvem que passa."

Confúcio

"Ser homem é fácil, ser um homem é difícil."

Provérbio chinês

"Quem é escravo de seus desejos não pode ser ao mesmo tempo senhor de si."

Confúcio

"O fracasso é o fundamento da vitória."

Lao-Tsé

"Somente depois de padecermos sofrimentos em cima de sofrimentos é que nos elevaremos acima dos outros."

Provérbio chinês

"O fracasso é a mãe do sucesso."

Provérbio chinês

"Várias pequenas derrotas podem levar a uma grande vitória."
Chuang-Tzu

"Aconselhar é fácil, ajudar é difícil."
Provérbio chinês

"Uma viagem por mil lugares começou com um passo."
Lao-Tsé

"Quem quer escalar uma montanha começa por baixo."
Confúcio

"Uma montanha, por mais alta que seja, teme um homem lento."
Provérbio chinês

"Aquele que não sabe se zangar é um tolo; mas aquele que não quer se zangar é um sábio."
Provérbio chinês

"Aquele que cede o lugar nunca é o imbecil."
Provérbio chinês

"Em todas as coisas, é preciso cuidar do começo e pensar adiantado no fim."
Provérbio chinês

"Não se aflija por não ser conhecido por ninguém, mas trabalhe para se tornar digno de ser conhecido."
Confúcio

"Querer satisfazer seus desejos através da posse é achar que se pode sufocar o fogo com a palha."

Provérbio chinês

"A ignorância é a noite do espírito, e essa noite não tem lua nem estrelas."

Provérbio chinês

"Ouvir e escolher entre as opiniões é o primeiro passo para o conhecimento; ver e refletir sobre o que se viu é o segundo."

Confúcio

"O maior conquistador é aquele que sabe vencer sem batalhas."

Lao-Tsé

"O homem de bem esquece seus ódios antigos."

Provérbio chinês

"Procure e encontrará; se parar de procurar, não encontrará."

Provérbio chinês

"Quanto mais estudamos, mais vemos que não sabemos."

Provérbio chinês

"Um homem paciente pode resistir a cem homens valentes."

Provérbio chinês

"Um homem apressado não realizará nada de bom, um gato apressado não caçará nenhum rato."

Provérbio chinês

"Não tema ser lento, tema ficar parado."

Provérbio chinês

"Melhor fazer coisas mínimas do que não fazer absolutamente nada."

Provérbio chinês

"Um pedaço de carne estragada é suficiente para arruinar o ensopado de uma panela inteira."

Provérbio chinês

"O ouro não pertence ao avaro; é o avaro que pertence a seu ouro."

Provérbio chinês

"Viver na pobreza sem nenhum ressentimento, aí está a dificuldade; depois disso, banhar-se em ouro sem arrogância não custará nada."

Confúcio

"Quem tem muito dinheiro e não tem filhos não é rico; quem tem muitos filhos e não tem dinheiro não é pobre."

Provérbio chinês

"Quem quer ser rico não será bom; quem quer ser bom não será rico."

Mêncio

"Você quer que os homens o amem? Comece a amá-los."

Provérbio chinês

"Os excessos matam com mais certeza do que as espadas."

Provérbio chinês

"O peixe não enxerga o anzol, apenas a isca; o homem não enxerga o perigo, apenas o lucro."

Provérbio manchu

"Em todas as coisas, dê um passo para trás e terá a vantagem."

Kangxi

"A inveja é como um grão de areia no olho."

Provérbio chinês

"O que é adquirido por meios injustos será perdido por meios injustos."

Confúcio

"Se avanças, morres. Se recuas, morres. Então por que recuar?"

Provérbio chinês

"O fio cortante de uma lâmina causa um ferimento agudo; as palavras ruins causam um ferimento ainda mais difícil de cicatrizar."

Provérbio chinês

"Uma palavra boa não é fácil de ser dita; uma palavra ruim escapa com facilidade. Depois de pronunciada, ela parte em triplo galope e só volta com muito esforço."

Provérbio chinês

"Os maus serão punidos pelos maus."

Provérbio chinês

"A lama esconde o rubi, mas não o macula."

Provérbio chinês

"A aprovação de mil aduladores não vale a palavra sincera de um homem honesto."

Shujing

"Um encontro é sempre o fruto de um acaso celeste."

Provérbio chinês

"Quando as circunstâncias mudam, conhecemos o coração das pessoas."

Provérbio chinês

"Aquele que se apressa não sabe, aquele que sabe não se apressa."

Provérbio chinês

"Se você é ouvido, fique contente; se não é ouvido, continue contente."

Mêncio

"As palavras sinceras com frequência não têm elegância; as palavras elegantes raramente são sinceras."

Lao-Tsé

"Bom vinho, palavras sinceras."

Provérbio chinês

"Mais forte é aquele que sabe esconder sua força, e não aquele que sabe exercê-la."

Lie-Tsé

"Se em casa não bates em ninguém, quando saíres ninguém te baterá."

Provérbio chinês

"Concordar consigo mesmo não é brilhar."

Lao-Tsé

"Os que se expressam bem com frequência fazem mais inimigos do que amigos."

Confúcio

"Aquele que celebra demais os próprios sucessos afia o instrumento de sua perda."

Provérbio chinês

"Quem avança com pressa demais recuará ainda mais rápido."

Mêncio

"A árvore já se tornou um barco."

Provérbio chinês

"Quando a desgraça cai sobre nós, é tarde demais para nos lamentarmos."

Provérbio chinês

"O infortúnio não passa pela porta de uma família prudente."

Provérbio chinês

"Quando somos felizes não o sabemos, como o barco na água que ignora a corrente."

Provérbio chinês

"Uma felicidade aplaina cem infortúnios."

Provérbio chinês

"As pessoas felizes não precisam se apressar."

Provérbio chinês

"Quando pela manhã compreendemos o caminho, podemos morrer ao anoitecer."

Provérbio chinês

A SABEDORIA INTERIOR

"De nada serve reverenciar o céu como uma bússola se a consciência não controla o timão."

Provérbio chinês

"Não se pode caminhar olhando as estrelas quando se tem uma pedra no sapato."

Provérbio chinês

"Cometer um erro e não se emendar é o verdadeiro erro."

Confúcio

"Se a base é sólida, a casa é sólida."

I Ching

"Se o corpo é reto, não importa que o ombro esteja torto."

Provérbio chinês

"Varrer o chão é como purificar o coração."

Provérbio chinês

"O bem não faz barulho; o barulho não faz bem."

Provérbio chinês

"Fazer o bem é o maior dos prazeres."

Provérbio chinês

"Prestar serviço aos outros é prestar serviço a si mesmo."

Provérbio chinês

"Quando compreendemos o que é a vergonha, nos aproximamos da coragem."

Provérbio chinês

"Existe uma sanção para o bem e para o mal; se ela tarda, é porque a hora ainda não chegou."

Provérbio chinês

"Não são as pulgas dos cães que fazem miar os gatos."

Provérbio chinês

"Todos os dias eu me examino várias vezes: terei cumprido com fidelidade meus compromissos? Terei me mostrado digno da confiança de meus amigos? Terei colocado em prática o que me foi ensinado?"

Confúcio, *Os analectos*

"A quem ofende o Céu, de nada serve orar."

Confúcio, *Os analectos*

"Quem quer bater em seu cão sempre encontra um bastão."
Provérbio chinês

"Antes mesmo de ter enganado os outros já prejudicamos a nós mesmos."
Provérbio chinês

"Não se preocupe por estar sem emprego; preocupe-se em ser digno de um emprego. Não se preocupe por não ser notado; busque fazer alguma coisa notável."
Confúcio, *Os analectos*

"Quem planta a virtude não deve se esquecer de regá-la com frequência."
Shujing

"A alma não tem segredo que a conduta não revele."
Provérbio chinês

"Não escorregamos quando não temos lama sob os pés."
Provérbio chinês

"A primeira vez é um erro, a segunda é de propósito."
Provérbio chinês

"As verdades que menos gostamos de ouvir são com frequência as que mais precisamos saber."
Provérbio chinês

"Nunca nos perdemos quando acreditamos conhecer o caminho."
Provérbio chinês

"Aquele que abranda uma grande disputa e não a esvazia até o fim é como se não tivesse feito nada de bom."

Lao-Tsé

"Contra a deslealdade, não existe melhor garantia que a lealdade."

Provérbio chinês

"A lâmina que não é afiada acaba enferrujando."

Provérbio chinês

"Conhecer-se é conhecer os outros; assim, podemos usar nosso coração para medir o dos outros."

Provérbio chinês

"Renove-se completamente a cada dia; faça-o de novo e de novo, e sempre de novo."

Da Xue

"Quando o temor não monta guarda, acontece o que se temia."

Lao-Tsé

"Um desvio do tamanho de um fio de cabelo acaba levando a mil estádios de distância do verdadeiro caminho."

Liji

"Ouve com teu espírito em vez de com tuas orelhas."

Confúcio

"Na intenção, nada leva a nada."

I Ching

"Ao prejudicar o outro, prejudicamos a nós mesmos."

Provérbio chinês

"Quem não sabe de onde veio não saberá para onde ir."

Provérbio chinês

"Aquele que não pensa antes de agir como atingirá seu objetivo?"

Provérbio chinês

"Um homem que não pensa a longo prazo terá decepções a curto prazo."

Provérbio chinês

"Tome cuidado: o que você faz ao outro lhe será devolvido."

Mêncio

"Aquele que não sabe regular sua conduta como regulará a dos outros?"

Confúcio

"Para as roupas, nada melhor que as novas; para os amigos, nada melhor que os velhos."

Provérbio chinês

"Lembra-te da generosidade e jamais da injúria."

Provérbio chinês

"Aquele que não voa alto não se machuca ao cair."

Provérbio chinês

"Aquele que vive ao sabor de seus desejos torna-se a cada dia mais fraco."

Provérbio chinês

"Quanto mais nos elevarmos, mais dura será a queda."

Provérbio chinês

"O homem não deve esquecer suas raízes."

Provérbio chinês

"Quando caímos, não foi o pé que errou."

Provérbio chinês

"Quem esconde seus erros quer continuar a cometê-los."

Provérbio chinês

"Quem fechou sua porta está no meio do deserto."

Provérbio chinês

"O sábio não se paramenta com sabres de ouro."

Yu-Ho

"Não podes comer teu bolo e querer que sobre um pouco."

Provérbio chinês

"Insensato é aquele que acredita que sua ascensão nunca terá fim."

Provérbio chinês

"Nenhum homem jamais conseguiu endireitar os outros curvando-se."

Mêncio

"Se não quiser que os outros saibam, melhor não fazê-lo."

Provérbio chinês

"Fechada a tampa do caixão, o julgamento sobre o morto se torna definitivo."

Provérbio chinês

Quarta parte

Manter a serenidade em meio à adversidade

1

Aprender a enfrentar as dificuldades

"*A provação nunca vira na nossa direção o rosto que esperávamos*", *escreveu Mauriac.* "*Ela é necessária para o conhecimento de si*", *acrescentou Sêneca. É forçoso admitir que às vezes necessitamos de muito sangue-frio e resistência moral e física para enfrentar as dificuldades que a vida coloca em nosso caminho. Um fracasso profissional, um rompimento amoroso, preocupações financeiras, contratempos que sobrevêm nos piores momentos... Nossas vidas estão permeadas de dificuldades, de encontros perdidos, de imprevistos, de perdas. Por isso precisamos aprender a relativizar tudo o que acontece contra a nossa vontade, principalmente as coisas ruins. Ou que percebemos como ruins. Pois sempre temos algo a aprender com as dificuldades. A própria maneira como as encaramos pode ser o ensinamento. Uma das chaves para conseguir enfrentar as dificuldades não consiste em combatê-las e abordá-las de frente, mas em contorná-las e buscar seu aspecto positivo. Em meio às adversidades, nosso estado de espírito é fundamental.*

"Não é porque as coisas são difíceis que não ousamos empreendê-las. É porque não ousamos empreendê-las que elas são difíceis."

Sêneca, *A constância do sábio*

"Além disso, o caminho não é tão árduo quanto alguns imaginam. É no início que encontramos as pedras e as ruínas que o fazem parecer intransponível. A maioria dos caminhos de montanha, quando olhados de longe, parecem escarpados, acidentados. É a distância que provoca essa ilusão de ótica; quando nos aproximamos, todos os elementos que o erro de perspectiva nos apresentara como um empilhamento caótico aos poucos são distinguidos uns dos outros e percebemos que aquilo que, de longe, parecia um pico impossível de ser escalado não passava de uma colina totalmente acessível."

Sêneca, *A constância do sábio*

"A provação é necessária para o conhecimento de si. Ela é a experiência que nos faz medir nossas próprias forças."

Sêneca, *Sobre a providência*

"Não suponhas que, se alguma coisa é difícil para ti, ela é impossível para o homem. Mas se uma coisa é possível e natural ao homem, pensa que ela está a teu alcance."

Marco Aurélio, *Meditações*

"Nossos dias são curtos demais para que endossemos os tormentos dos outros. Cada homem vive a própria vida e paga o preço de vivê-la. No entanto, é uma pena termos que pagar tanto por cada erro. De fato, estamos sempre pagando e pagando de novo. Em suas transações com os homens, o destino nunca dá as contas por fechadas."

Oscar Wilde, *Aforismos*

"É somente em meio ao sofrimento que fazemos prova de nossa virtude."

Sêneca, *Sobre a providência*

"Uma árvore só é sólida e robusta quando precisa resistir com frequência às tempestades: as sacudidas estreitam suas fibras e fixam suas raízes mais profundamente. A árvore que cresce em meio ao tempo bom de um vale permanece frágil."

Sêneca, *Sobre a providência*

"A mulher e suas criadas
Uma viúva exigente tinha criadas que ela acordava de madrugada, quando o galo cantava, para fazê-las trabalhar. Estas, exauridas por dias sem descanso, decidiram estrangular o galo da casa: achavam, de fato, que ele era o responsável por seus males, pois acordava a senhora antes da aurora. Elas o mataram, mas sua sina foi ainda pior – pois a senhora, privada do galo que lhe ditava as horas, passou a tirá-las da cama ainda mais cedo.
O mesmo acontece com muitas pessoas que, com suas decisões, se tornam artífices dos próprios infortúnios."

Esopo, *Fábulas*

"A privação faz com que achemos tudo melhor. A água da fonte do outro se torna tão deliciosa quanto o néctar dos deuses."

Gracián, *A arte da prudência*

"As circunstâncias nos revelam aos outros, e mais ainda a nós mesmos."

La Rochefoucauld, *Reflexões ou sentenças e máximas morais*

"Examinai a vida dos homens e dos povos melhores e mais fecundos e perguntai se uma árvore que deve elevar-se orgulhosamente nos ares pode dispensar o mau tempo e as tempestades; se a hostilidade da rua, as resistências exteriores, todos os tipos de ódio, de inveja, de teimosia, de desconfiança, de dureza, de avidez e de violência não fazem parte das circunstâncias favoráveis sem as quais nada, nem mesmo a virtude, poderia crescer com grandeza. O veneno que mata as naturezas frágeis é um fortificante para as fortes; ...e por isso não se chama veneno."

Nietzsche, *A gaia ciência*

"Devemos saber que, se sofremos, isso não decorre dos lugares que frequentamos, mas de nós mesmos: perdemos a força de suportar – esforço, prazer, nossa própria pessoa, o que quer que seja."

Sêneca, *Da tranquilidade da alma*

"O melhor serviço que a natureza nos prestou foi, sabendo que provações nos reservava nosso nascimento, ter inventado, para atenuar nossos infortúnios, o hábito: ele permite que nos familiarizemos rapidamente com nossos sofrimentos mais penosos. Ninguém resistiria se a adversidade persistisse fustigando com a mesma violência de seu primeiro ataque."

Sêneca, *Da tranquilidade da alma*

2

Dominar seus medos

Todo mundo tem medo de alguma coisa. Medo de se sair mal num teste, medo de não estar à altura, medo de ser deixado pela pessoa amada, medo de sofrer um acidente, medo por aqueles que nos são queridos, medo da morte... Apesar de esses medos serem legítimos – "Todos os homens têm medo. Todos. Aquele que não tem medo não é normal, e isso não tem nada a ver com coragem", escreveu Sartre em Os caminhos da liberdade. *É preciso tomar cuidado para não se deixar dominar por ele. O sentimento de medo é de fato um dos mais restritivos que existem. Ele nos limita, restringe nossas vontades e nossas ambições, nos faz regredir, nos estressa, nos faz perder a confiança em nós mesmos e nos faz adoecer. É bom ter consciência dos perigos que nos espreitam, mas precisamos ir ao fundo de nós mesmos para encontrar a coragem de dominar nossos medos. Precisamos nos arriscar e nos colocar em perigo para avançar. A realização daquilo que nos é importante depende disso.*

"Prometemos segundo nossas esperanças e cumprimos segundo nossos temores."
La Rochefoucauld, *Reflexões ou sentenças e máximas morais*

"Os únicos males futuros que devem com razão nos alarmar são aqueles cuja chegada e momento de chegada são certos. Mas muito poucos são desse tipo, pois os males ou são meramente possíveis, quando muito verossímeis, ou são certos, porém o momento de sua chegada é incerta. Se nos preocuparmos com as duas espécies de infortúnio, não teremos mais nenhum momento de repouso. Portanto, a fim de não perdermos a tranquilidade de nossa vida por causa de males cuja existência ou época são imprecisas, devemos nos acostumar a encarar os primeiros como se nunca fossem acontecer e os outros como se não fossem chegar tão cedo."

Schopenhauer, *Aforismos para a sabedoria de vida*

"A inquietude, o medo e a aflição não afastam a morte, ao contrário: duvido apenas que o riso excessivo convenha aos homens, que são mortais."

La Bruyère, *Personagens ou costumes do século*

"O que quer que te aconteça, era teu destino por toda a eternidade, e o encadeamento das causas havia tecido juntos para sempre tua substância e esse incidente."

Marco Aurélio, *Meditações*

"Onde estaria o mérito se o herói nunca tivesse medo?"

Alphonse Daudet, *Tartarin de Tarascon*

"É do mistério que temos medo. É preciso que não haja mais mistério. É preciso que os homens desçam a esse poço escuro e dele retornem, e que digam que não encontraram nada."

Antoine de Saint-Exupéry, *Voo noturno*

3

Superar o infortúnio e a tristeza

Algumas provações nos parecem intransponíveis e algumas tristezas, inconsoláveis. Como sobreviver à perda de um ente querido? Como recuperar o gosto pela vida quando aquele ou aquela que amamos nos deixa? Será possível superar os danos provocados por uma paixão? Ou suportar a doença ou a decadência, a nossa ou a de um amigo?

Para suportar o infortúnio, é preciso tê-lo antecipado, dizem os filósofos. É de fato na felicidade que se prepara a infelicidade, assim como é no verão que nos abastecemos para o inverno. É preciso preparar-se para o infortúnio, portanto, não para atraí-lo, mas para considerá-lo como uma coisa possível e com a qual será preciso lidar se necessário. É usufruindo da felicidade presente que tomamos força, por assim dizer, para enfrentar as provações. "O infortúnio que pode se abater sobre um indivíduo pode se abater sobre qualquer um", lembrou Sêneca. Uma maneira de dizer que o infortúnio do outro também pode ser um ensinamento. Apoiando ou ajudando amigos em dificuldade, é a nós mesmos que ajudamos a preparar para um eventual golpe do destino.

Sabemos que os infortúnios nos engrandecem, apesar desse tipo de frase nos parecer incongruente quando estamos mergulhados no desespero e no pesar. No entanto, não devemos subestimar nossas capacidades de suportar as provações do destino. "Não existe árvore que o vento não tenha sacudido", dizem os indianos.

Apesar das adversidades, é preciso manter a confiança. Confiança na vida, confiança em amanhãs cheios de luz e confiança na renovação.

"A noite mais escura sempre tem um fim luminoso."

Poeta persa

"Um mal nunca acontece sozinho. Os males, tanto quanto os bens, são como os elos de uma corrente."

Gracián, *A arte da prudência*

"Compartilha, portanto, o fardo e a tristeza, pois é insuportável sofrer sozinho."

Gracián, *A arte da prudência*

"Não se deve acordar o infortúnio quando ele está adormecido."

Gracián, *A arte da prudência*

"Por que este incidente seria uma infelicidade e este outro, uma felicidade? Chamas, em suma, de revés para um homem aquilo que não é um revés para a natureza do homem? [...] Esse incidente te impede de ser justo, magnânimo, sábio, circunspecto, ponderado, verídico, reservado, livre etc., virtudes que, reunidas, fazem com que a natureza do homem colha os bens que lhe são próprios? Lembra-te, aliás, em todo acontecimento que te causar alguma tristeza, de fazer uso do seguinte princípio: isto não é um revés, mas será uma felicidade suportá-lo com nobreza."

Marco Aurélio, *Meditações*

"O infortúnio só entra pela porta que lhe foi aberta."

Provérbio chinês

"Uma felicidade que nunca foi perturbada por nada desmoronará ao menor golpe."

Sêneca, *Sobre a providência*

"Engana-se quem pensa que o infortúnio faz exceções: por mais tempo que dure sua felicidade, todo homem terá sua parte de infortúnio um dia. Acreditamos que ele foi afastado, mas foi apenas adiado."

Sêneca, *Sobre a providência*

"Deveria haver nos corações fontes inesgotáveis de dor para certas perdas. Não é por virtude ou por força de espírito que se sai de uma grande aflição: chora-se amargamente e fica-se sensivelmente tocado; depois, no entanto, somos tão fracos ou tão levianos que nos consolamos."

La Bruyère, *Personagens ou costumes do século*

"Às vezes basta uma bela casa herdada, um belo cavalo ou um belo cão do qual nos tornamos senhor, uma tapeçaria, um relógio de pêndulo, para suavizar uma grande dor e para atenuar uma grande perda."

La Bruyère, *Personagens ou costumes do século*

"O pintarroxo e o morcego
Numa gaiola suspensa a uma janela, um pintarroxo passava as noites cantando. Um morcego ouviu sua voz, aproximou-se e perguntou por que ele se calava de dia para cantar à noite. Não era por simples capricho, respondeu o pintarroxo: ele havia sido capturado de dia por causa de seu canto e depois disso aprendera a lição. "Tuas precauções, no entanto", respondeu o morcego, "não precisam ser tomadas agora que se tornaram inúteis: deverias ter pensado nisso antes de ser capturado!"
A fábula mostra que é inútil se lamentar depois que o infortúnio aconteceu."

Esopo, *Fábulas*

"Os pescadores de pedras
Pescadores arrastavam uma rede. Como estava pesada, eles se alegraram e dançaram, pensando ter capturado algo grande. Quando

chegaram à areia, encontraram poucos peixes: estava cheia de pedras e destroços. Ficaram bastante descontentes, pois não deploraram tanto a falta de sorte quanto terem errado em seu julgamento. Então um deles, um velho, disse: 'Chega, companheiros! A alegria parece ter como irmã a tristeza, e de todo modo nós, que tanto nos alegramos de antemão, tínhamos mesmo que sofrer algum revés'.

De nossa parte, devemos considerar o quanto o curso da vida pode nos derrubar, a fim de não presumirmos o sucesso e lembrarmos que mesmo o céu mais sereno acaba se cobrindo de nuvens."

Esopo, *Fábulas*

"Nada me parece mais lamentável do que um homem que nunca conheceu o infortúnio."

Demétrio

"Quando chega a provação, é tarde demais para preparar nossa alma para suportá-la."

Sêneca, *Da tranquilidade da alma*

"Acontece de um destino próspero ser a sina de pessoas comuns e espíritos ordinários. Mas triunfar sobre os infortúnios e sobre o que assusta os mortais, eis o que distingue os grandes homens! Nadar constantemente na felicidade, cruzar a vida sem conhecer a menor angústia é ignorar metade da realidade."

Sêneca, *Sobre a providência*

"O infortúnio não faz distinções e, em sua corrida errante, recai hoje sobre um e amanhã sobre outro."

Ésquilo, *Prometeu acorrentado*

"O infortúnio pode ser uma ponte para a felicidade."

Máxima japonesa

4

ACEITAR A MORTE

Quaisquer que sejam as maneiras de encará-la ou abordá-la, quaisquer que sejam as representações que tenhamos dela, quer a consideremos uma passagem, um fim ou um renascimento, a morte é a obsessão dos vivos. Quando ela vai bater a nossa porta? Onde e como? Quem? Por quê? É um fato: o espectro da decadência final nos desespera e nos assombra. "Morre-se apenas uma vez, e por muito tempo." (Molière)

O tema foi muito abordado, tanto o medo da morte é secular. Os filósofos nos ensinam a não a temer. "Não passa de um espantalho", dizia Sócrates. É a transformação lógica de tudo o que nasce, explicou Marco Aurélio, pois tudo o que vive muda e evolui. Além disso, eles afirmam, é preciso viver em conformidade com a natureza, gozar plenamente do momento presente, para que a morte nos pareça menos temível. Como os frutos, que nascem verdes, amadurecem e acabam por cair da árvore, é preciso aceitar nossa própria decadência como parte da ordem natural das coisas.

Por outro lado, há a morte dos que nos são queridos. Uma ausência definitiva, insuportável e inconcebível. Nos reencontraremos em outro lugar? Eles voltarão sob outra forma, outro corpo? Os antigos, sem responder a esses múltiplos questionamentos, nos dizem, com seu bom senso, que a melhor maneira de suportar a ausência dos que amamos é justamente os amando e aproveitando sua presença enquanto eles ainda estão vivos.

Conhecer a morte

"A morte não é nada. Apenas passei para o quarto ao lado. Eu sou eu. Você é você. O que éramos um para o outro continuamos sendo. Dê-me o nome que sempre me deu. Fale de mim como sempre falou. Não empregue um tom diferente, não assuma um ar solene ou triste. Ria, sorria, pense em mim, reze por mim. Que meu nome seja pronunciado como sempre foi, sem nenhum tipo de ênfase, sem vestígio de sombra. A Vida significa tudo o que ela sempre significou. Ela é o que sempre foi. O fio não se rompeu. Por que eu sairia de seu pensamento apenas porque estou fora de sua vista? Estou esperando por você. Não estou longe, apenas do outro lado da estrada. Veja só, está tudo bem."

Charles Péguy

"Os que partem estão separados daqueles que ficam apenas pela aparência das coisas."

Anônimo

"A morte não tem nenhuma relação conosco; pois o que está dissolvido é insensível, e o que é insensível não tem nenhuma relação conosco."

Epicuro, *Máximas capitais*

"Se um dos deuses dissesse: 'morrerás amanhã ou, no máximo, depois de amanhã', não darias mais importância ao fato de ser em dois dias do que amanhã, a não ser que sejas o último dos tolos, pois o que significa esse prazo? Do mesmo modo, não penses que morrer depois de muitos anos em vez de amanhã tenha grande importância."

Marco Aurélio, *Meditações*

"O que é morrer? Se examinarmos a morte por ela mesma e se, distinguindo sua noção, afastarmos as fantasias que a revestem, não restará mais nada a pensar, exceto que ela é uma ação natural. Ora, aquele que teme uma ação natural é uma criança. A morte, no entanto, não é apenas uma ação natural, ela também é uma obra útil à natureza."

Marco Aurélio, *Meditações*

"Não desprezes a morte, reserva-lhe uma boa acolhida, como sendo uma das coisas desejadas pela natureza. Da mesma forma que a juventude, a velhice, o crescimento, a maturidade, o surgimento dos dentes, da barba e dos cabelos brancos, a fecundação, a gestação, o parto e todas as outras atividades naturais trazidas pelas estações de tua vida, assim também é tua própria dissolução. Cabe ao homem sensato, portanto, diante da morte, não se comportar com hostilidade, veemência e desdém, mas esperá-la como uma ação natural. Assim como hoje esperas o momento de sair a criança que tua mulher carrega no ventre, deves também esperar a hora em que tua alma se separará de seu envoltório.

E se ainda quiseres um preceito bem simples, que te toque o coração e te faça aceitar a morte: leva tua atenção para as coisas de que vais te separar e para os costumes a que tua alma não estará mais ligada. Não deves, para tanto, te chocar com os homens, mas demonstrar-lhes interesse e apoiá-los com suavidade, sem esquecer, porém, que a morte te livrará dos homens que não têm os mesmos princípios que tu. A única coisa, de fato, se houver uma, que poderia te prender à vida e nela te manter seria se te fosse permitido viver com homens que honrassem os mesmos princípios que tu. No entanto, vês o cansaço gerado pelo desacordo na vida em comum, a ponto de dizeres: 'Apressa-te, ó morte, tenho medo de que por acaso eu também me esqueça de mim mesmo'."

Marco Aurélio, *Meditações*

"Não podemos olhar fixamente para o sol nem para a morte."

La Rochefoucauld, *Reflexões ou sentenças e máximas morais*

"O que há de penoso em voltar para o lugar de onde viemos? Aquele que não souber morrer bem viverá mal. É preciso começar a desdramatizar a morte e recusar qualquer valor à vida. Como disse Cícero, antipatizamos com os gladiadores que desejam salvar suas vidas a qualquer preço; em contrapartida, concedemos-lhes nossa simpatia quando eles claramente exibem seu desprezo pela vida. Saiba que acontece conosco exatamente a mesma coisa: muitas vezes morremos por termos medo de morrer."

Sêneca, *Da tranquilidade da alma*

"Mais um pouco, o tempo de um descanso ao vento, e outra mulher me dará à luz."

Gibran, *O profeta*

"A morte chega uma única vez e se faz sentir em todos os momentos da vida: é mais difícil compreendê-la do que sofrê-la."

La Bruyère, *Personagens ou costumes do século*

"Esperamos envelhecer e tememos a velhice; ou seja, amamos a vida e fugimos da morte."

La Bruyère, *Personagens ou costumes do século*

"Pois não há nada a temer, no fato de viver, para aquele que realmente compreendeu que não há nada a temer no fato de não viver. Tanto que o tolo é aquele que diz temer a morte não porque ela o afligirá ao chegar, mas porque ela o aflige com a ideia de que chegará. Pois a morte que, ao chegar, não nos causa embaraço provoca uma aflição vazia quando esperada."

Epicuro, *Carta a Meneceu*

"O que perturba os homens não são as coisas, mas os julgamentos que eles fazem sobre as coisas. Assim, a morte nada tem de temível, pois nem mesmo a Sócrates assim pareceu. No entanto, o julgamento que fazemos da morte ao declará-la temível é que é temível. Quando nos vemos frustrados, perturbados, entristecidos, nunca culpemos o outro por isso, apenas nós mesmos, ou seja, nossos próprios julgamentos. Acusar os outros por seus infortúnios é obra do ignorante; culpar a si mesmo é obra do homem que começa a se instruir; não acusar nem o outro nem a si mesmo é obra do homem perfeitamente instruído."

Epicteto, *Manual de Epicteto*

"Não passas de uma alma débil que anima um cadáver."

Epicteto, *Manual de Epicteto*

"Para aquele que considera não haver nada de bom senão o que acontece na hora certa, para aquele a quem dá na mesma realizar um número maior ou menor de ações de acordo com a reta razão, para aquele a quem pouco importa contemplar o mundo por mais ou menos tempo, para esse homem a morte nada tem de assustador."

Marco Aurélio, *Meditações*

"Considera constantemente que tudo o que nasce provém de uma transformação e acostuma-te a pensar que a natureza universal não aprecia nada tanto quanto transformar o que existe para formar novos seres semelhantes. Todo ser, de certo modo, é a semente do ser que sairá dele."

Marco Aurélio, *Meditações*

"A morte é uma apoteose quando desperta a admiração daqueles a quem aterroriza."

Sêneca, *Sobre a providência*

"Devemos aprender a viver ao longo de toda a vida e, o que pode ser mais surpreendente, ao longo de toda a vida devemos aprender a morrer."

Sêneca, *Sobre a brevidade da vida*

"Quem teme a morte nunca fará nada de bom em vida; quem sabe, ao contrário, que assim que foi concebido seu destino foi traçado, viverá de acordo com essa convenção e, ao mesmo tempo, com a mesma força de alma ele se distinguirá sem deixar nenhum acontecimento pegá-lo desprevenido. De fato, considerando de antemão toda eventualidade como devendo se realizar, ele amortecerá o choque de todos os seus infortúnios: quando nos preparamos e estamos à espera, esse choque não produz nenhum efeito extraordinário, mas, quando nos acreditamos bem protegidos e só pensamos na felicidade, ele se faz sentir com força."

Sêneca, *Da tranquilidade da alma*

"Viver bem e morrer bem é a ciência das ciências."

Cristina da Suécia, *Máximas*

"Por mais agradável e gloriosa que seja a vida, seríamos muito infelizes se ela não acabasse."

Cristina da Suécia, *Máximas*

"O homem que teme a morte não é capaz de nada grandioso."

Cristina da Suécia, *Máximas*

"A natureza nos predispõe à morte pela velhice; ela nos faz desgostar da vida aos poucos, com as doenças e os incômodos decorrentes. Morreríamos quase inconsoláveis se não envelhecêssemos."

Cristina da Suécia, *Máximas*

"Não importa a maneira como nascemos, mas importa a maneira como morremos."

Cristina da Suécia, *Máximas*

A MORTE DOS QUE QUEREMOS BEM

"Na imaginação dos sobreviventes, os mortos estão sempre morrendo."

Alain, *Considerações sobre a felicidade*

"Os mortos pesam menos por sua ausência do que por aquilo que – entre eles e nós – não foi dito."

Susanna Tamaro, *Vá aonde te leva o coração*

"Não fiquemos tristes por tê-la perdido, mas fiquemos reconhecidos por tê-la tido."

Santo Agostinho (a respeito da morte de sua mãe)

"Os mortos são os primeiros a esquecer os vivos; têm sobre eles essa triste vantagem."

Cristina da Suécia, *Máximas*

"Uma longa doença parece se colocar entre a vida e a morte, a fim de que a morte se torne um alívio aos que morrem e aos que ficam."

La Bruyère, *Personagens ou costumes do século*

"Quantos homens admiráveis e de gênios belíssimos morreram sem que se falasse deles! Quantos ainda vivem sobre os quais nada se fala e nunca se falará!"

La Bruyère, *Personagens ou costumes do século*

"Uva verde, uva madura, uva seca, tudo é mudança, não porque não é mais, mas por se tornar o que ainda não é."

Marco Aurélio, *Meditações*

5

FUGIR DOS CONFLITOS

Vivemos períodos idílicos e algumas "horas malditas" – momentos em que nada dá certo, em que não nos entendemos, em que tudo parece estar contra nós. Os conflitos, no entanto, têm sua utilidade. Por um lado, porque expressam um mal-estar ou um sentimento reprimido. Por outro, porque permitem que nos comparemos ao outro, que nos afirmemos, o que nunca é totalmente negativo. Mas não se deve abusar dos conflitos. Em altas doses, as discórdias podem ser destrutivas. É preciso saber deixar passar, baixar os braços, içar a bandeira branca. "O prazer das disputas é fazer as pazes", lembrou Alfred de Musset. É necessário, portanto, saber encerrar uma discussão. Compreender o que a desencadeou, ouvir e aceitar os argumentos do outro e levá-los em conta no futuro.

"Não teremos nenhum poder sobre as paixões enquanto não conhecermos suas verdadeiras causas."

Alain, *Considerações sobre a felicidade*

"A vida não passa de um 'mau quarto de hora' composto de momentos extraordinários."

Oscar Wilde, *Aforismos*

"Em relação a teus inimigos, deixa sempre uma porta aberta para a reconciliação."

Gracián, *A arte da prudência*

"Não existe vingança maior que o esquecimento."

Gracián, *A arte da prudência*

"O homem de bem não briga com ninguém e, enquanto puder, impede as brigas dos outros."

Epicteto, *Diatribes*

"O javali e a raposa
    O javali estava afiando as presas no tronco de uma árvore. A raposa lhe perguntou por que as afiava, se nenhum caçador ou perigo o ameaçavam. 'Não o faço em vão', respondeu o javali, 'pois em caso de perigo não terei tempo de afiá-las, mas elas estarão prontas para o uso.'
    A fábula ensina que é preciso tomar precauções antes da hora do perigo."

Esopo, *Fábulas*

"Quando és ofendido pelo erro de outro, volta-te para ti mesmo e vê se não tens na tua conta algum erro semelhante, como ao olhar para um bem, por exemplo o dinheiro, o prazer, a glória ou outras coisas semelhantes. Ao fazer isso, esquecerás teu ressentimento assim que o seguinte pensamento te ocorrer: 'Ele foi obrigado a isso. O que poderia ter feito?'. Ou então, se puderes, livra-te de sua coação."

Marco Aurélio, *Meditações*

"O primeiro a se calar numa disputa é o mais digno de louvor."

Provérbio hebreu

"É por fraqueza que odiamos um inimigo e pensamos em nos vingar; e é por preguiça que nos acalmamos e não nos vingamos."

La Bruyère, *Personagens ou costumes do século*

6

Evitar a maldade, a vulgaridade e a traição

As relações humanas são tais que ninguém pode ter certeza de escapar à maldade ou de não ser traído um dia. A melhor maneira de tentar se prevenir é mantendo-se vigilante. Tornamo-nos maus da mesma forma que nos tornamos doentes, escreveu Voltaire. Portanto, precisamos conduzir nossos negócios com prudência, manter a discrição, não humilhar ou desprezar os outros. Precisamos nos esforçar para manter a dignidade quando os outros tentam nos difamar e para manter nossa linha de conduta. Marco Aurélio e Cristina da Suécia aconselham que nos mantenhamos acima das injúrias e das ofensas. Esopo, por sua vez, lembra que as regras elementares de prudência devem reger as relações humanas: não confie em quem não é digno, escolha com precaução os amigos e lembre-se de que o mal que você faz com frequência se volta contra você. "Pois a própria maldade bebe uma parte de seu veneno", enfatizou Sêneca na Carta a Lucílio.

Da maldade

"É monstruoso perceber que as pessoas se dizem pelas costas coisas que são absolutamente verídicas."

Oscar Wilde, *Aforismos*

"Como os homens são poltrões! Atropelam todas as leis do mundo e depois temem as más-línguas."

Oscar Wilde, *Aforismos*

"Aquele que peca, peca contra si mesmo; aquele que é injusto, prejudica a si mesmo tornando-se mau."

Marco Aurélio, *Meditações*

"Com frequência somos injustos por omissão, não apenas por ação."

Marco Aurélio, *Meditações*

"Há vários tipos de ingratos, assim como há vários tipos de ladrões ou de homicidas: o erro é único, mas diverso na infinidade de suas manifestações. Há o ingrato que nega ter recebido o benefício que recebeu. Há o ingrato que dissimula. Há o ingrato que não devolve. E o mais ingrato de todos, aquele que esquece! Os primeiros, de fato, porque não se desobrigam, permanecem devedores, e resta ao menos dentro deles o vestígio dos serviços recebidos, perdidos no fundo de uma consciência culpada; às vezes, algum motivo pode levá-los ao reconhecimento, caso sejam alertados pela vergonha, pela inveja súbita de uma boa ação, como às vezes acontece furtivamente no coração dos maus, ou caso sejam levados a uma circunstância que facilite essa tarefa. Mas são incapazes de reconhecimento aqueles a quem o benefício recebido escapou totalmente. E quem chamarias de mais culpado, aquele em quem se apagou a gratidão ou aquele em quem se apagou até mesmo a memória do bem recebido? Doentes, os olhos que temem a luz, cegos, são os que não a veem! Se não amar os próprios pais constitui impiedade, não reconhecê--los é demência!"

Sêneca, *Dos benefícios*

"É muito fácil granjear-se uma má reputação, mas ela é um fardo pesado do qual é difícil se livrar. A reputação propagada pela massa

dos homens nunca se extingue completamente: ela também é uma divindade."
Hesíodo, *Os trabalhos e os dias*

"O mal que fazemos não nos atrai tanta perseguição e ódio quanto nossas boas qualidades."
La Rochefoucauld, *Reflexões ou sentenças e máximas morais*

"Há homens maus que seriam menos perigosos se não tivessem bondade alguma."
La Rochefoucauld, *Reflexões ou sentenças e máximas morais*

"Aqueles que, sem nos conhecerem o suficiente, pensam mal de nós, não nos prejudicam: não é a nós que atacam, é ao fantasma de suas imaginações."
La Bruyère, *Personagens ou costumes do século*

"Nunca somos tão punidos quanto por nossas virtudes."
Nietzsche, *Além do bem e do mal*

"Aquele que fala mal sempre é mais malfalado ainda."
Gracián, *A arte da prudência*

"É preciso ter tanta força e coragem para ser mau quanto é preciso ter, neste século corrompido, para ser um homem de bem."
Montesquieu, *Elogio da sinceridade*

"Deixemos a ingenuidade aos espíritos pequenos, como uma marca de sua imbecilidade. A franqueza é tida como um vício na educação. Não peçamos que o coração seja honesto; basta fazer como os outros. É como nos retratos, onde não se exige outra coisa além da semelhança."

Montesquieu, *Elogio da sinceridade*

"É honrar demais os homens querer saber o que eles dizem a nosso respeito."

Cristina da Suécia, *Máximas*

"Saber tirar proveito dos inimigos
As coisas não devem ser empunhadas pela lâmina, que feriria, mas pelo punho, que é o meio de se defender; mais ainda a inveja. O sábio tira mais proveito dos inimigos do que o louco tira dos amigos. Os invejosos servem de estímulo ao sábio para que ele supere mil dificuldades, ao passo que os bajuladores com frequência o desviam. [...] O sábio faz do ódio de seus invejosos um espelho onde ele se vê bem melhor do que naquele da benevolência. Esse espelho lhe serve para corrigir seus defeitos, consequentemente para prevenir a maledicência, pois nos mantemos vigilantes quando temos rivais ou inimigos como vizinhos."

Gracián, *A arte da prudência*

"Há duas coisas que abreviam a vida: a loucura e a maldade."

Gracián, *A arte da prudência*

"O que melhor explica como o desonesto, e às vezes inclusive o tolo, quase sempre consegue mais êxito no mundo do que o homem honesto e o homem de espírito é o fato de o desonesto e o tolo terem menos dificuldade para se pôr a par e na sintonia do mundo, que, em geral, não passa de desonestidade e tolice; ao passo que o homem honesto e o homem sensato, que não conseguem fazer comércio com o mundo tão rapidamente, perdem um tempo precioso para a fortuna. Uns são mercadores que, conhecendo a língua do país, vendem e fazem provisões imediatamente, enquanto os outros são obrigados a aprender a língua de seus vendedores e de seus clientes. Antes de expor as mercadorias e de entrar em relação com eles, com frequência até desdenham de aprender a língua e então retornam sem vender."

Chamfort, *Máximas e pensamentos*

Da vulgaridade

"Todo crime é vulgar, assim como toda vulgaridade é um crime."

Oscar Wilde, *Aforismos*

"Há muito mais vivacidade do que gosto entre os homens; ou melhor, há poucos homens cujo espírito seja acompanhado de um gosto certo e de uma crítica judiciosa."

La Bruyère, *Personagens ou costumes do século*

"A zombaria com frequência é indigência de espírito."

La Bruyère, *Personagens ou costumes do século*

"Evita as refeições externas e com pessoas vulgares. Se a ocasião exigir, que tua atenção vise a nunca cair em maneiras vulgares. Sabes, de fato, que se teu vizinho se sujar não podes te esfregar a ele sem necessariamente te sujares também, por mais limpo que estejas."

Epicteto, *Manual de Epicteto*

Da traição

"Aquece uma serpente em teu seio, ela te morderá."

Esopo, *Fábulas*

"Quem promete tudo não promete nada, e as promessas são como o andar incerto dos loucos."

Gracián, *A arte da prudência*

"A águia e a raposa

Tendo feito amizade, uma águia e uma raposa decidiram se tornar vizinhas, a fim de que o hábito estreitasse seus laços. A águia subiu então à copa de uma grande árvore e ali fez seu ninho; a raposa se aninhou no arbusto ao pé da árvore para dar à luz. Ora, um dia em que havia saído em busca de alimento, a águia em sua fome se lançou sobre o arbusto e levou os filhotes da raposa, os quais deu de comer aos seus. Ao chegar, a raposa entendeu o que havia acontecido e ficou aflita não tanto pela morte dos filhotes quanto pela incapacidade de vingá-los: ela, que vivia na terra, não podia caçar uma ave. Assim, precisou manter-se à parte e ater-se ao único recurso dos impotentes e fracos: maldizer o inimigo. No entanto, a águia não tardou a sofrer o castigo por sua falta de fidelidade. Um dia, no campo, durante o sacrifício de uma cabra, tirou do altar uma víscera ainda em brasa e a levou ao ninho. Assim que a depositou entre os galhos, um vento violento se elevou e fez surgir num graveto uma chama brilhante; os filhotes da águia foram consumidos, pois ainda eram jovens demais para voar e caíram ao chão. A raposa acorreu e, sob os olhos da águia, devorou-os todos.

A fábula mostra que os que traem a amizade talvez escapem à vingança de suas vítimas mais fracas, mas não podem fugir ao castigo divino."

Esopo, *Fábulas*

"O burro, a raposa e o leão

Depois de terem feito um acordo, o burro e a raposa saíram para caçar. Um leão cruzou o caminho deles. A raposa, diante da iminência do perigo, se aproximou do leão e prometeu, em troca de sua imunidade, entregar-lhe o burro. O leão prometeu-lhe a liberdade; a raposa atraiu então o burro para uma armadilha. O leão, vendo que o burro não podia escapar-lhe, comeu a raposa antes de se voltar para o burro.

Da mesma forma, ao tramar a perda de nossos associados, muitas vezes causamos a nossa sem perceber."

Esopo, *Fábulas*

"O único segredo para não ser enganado é acreditar pouco e trabalhar muito. Mesmo assim, não é suficiente."

Cristina da Suécia, *Máximas*

"Depois que a sorte abandona os homens, tudo os deixa."

Cristina da Suécia, *Máximas*

"Os velhacos não poderiam viver sem os tolos."

Cristina da Suécia, *Máximas*

7

PROTEGER-SE DO CIÚME

O ciúme é como um espinho no pé. Nós o sentimos o tempo todo, não importa onde estejamos. É um veneno que destrói tudo ao passar. Existem dois tipos de ciúme: o do apaixonado desconfiado que vê o perigo em toda parte e suspeita de tudo e o do invejoso que não consegue se satisfazer com o que tem e cobiça o bem ou a felicidade do outro. Nos dois casos, é um sentimento nefasto, que destrói e estraga todas as coisas e que pode inclusive levar à loucura.

No amor, o ciúme não é uma prova de afeto, como muitos acreditam. Revela uma falta de confiança, em si e no outro, de quem se suspeita todas as torpezas assim que viramos as costas. O prisma do ciúme deforma tudo. Como um espelho deformante, o fato mais anódino assume uma proporção desmesurada: um atraso é interpretado como uma prova; um sorriso dirigido a um desconhecido, como uma traição; um silêncio, como uma confissão; e assim por diante. Ele mata o amor, mais do que o alimenta. Afasta o outro e isola aquele que o sente.

Nas relações sociais, prejudica a amizade, altera a confiança, esteriliza todas as coisas. Impossível, de fato, alegrar-se com a felicidade de um amigo se o invejamos secretamente, impossível compartilhar, confraternizar. A inveja é inimiga da serenidade, da doação, da generosidade. É preciso dominá-la a todo custo, pois é sem dúvida o maior de todos os males, como disse La Rochefoucauld.

"Não se deve invejar ninguém; pois os homens de bem não merecem ser invejados e os homens ruins, quanto maiores suas fortunas, mais se corrompem a si mesmos."

Epicuro, *Sentenças vaticanas*

"Aquele que, portanto, quer ser livre não deve sentir nem atração nem repulsa por nada que dependa dos outros; senão, fatalmente será infeliz."

Epicteto, *Manual de Epicteto*

"A desgraça apaga os ódios e as invejas."

La Bruyère, *Personagens ou costumes do século*

"Os homens sempre desaprovam o que não são capazes de fazer."

Cristina da Suécia, *Máximas*

"No ciúme, há mais amor-próprio do que amor."

La Rochefoucauld, *Reflexões ou sentenças e máximas morais*

"O ciúme é de certo modo justo e sensato, pois quer apenas conservar um bem que nos pertence ou que acreditamos nos pertencer; ao passo que a inveja é um furor que não pode suportar os bens dos outros."

La Rochefoucauld, *Reflexões ou sentenças e máximas morais*

"O ciúme é o maior de todos os males e o que menos inspira piedade às pessoas."

La Rochefoucauld, *Reflexões ou sentenças e máximas morais*

"O ciúme sempre nasce com o amor, mas nem sempre morre com ele."

La Rochefoucauld, *Reflexões ou sentenças e máximas morais*

"Poucas pessoas se lembram de terem sido jovens e de como lhes era difícil manter a castidade e a moderação. A primeira coisa que acontece aos homens depois de terem renunciado aos prazeres, seja por conveniência, lassidão ou regime, é condená-los nos outros. Entra nessa conduta uma espécie de apego às próprias coisas que acabaram de ser abandonadas; gostaríamos que um laço que não existe mais para nós não existisse para o resto do mundo: é um sentimento de ciúme."

La Bruyère, *Personagens ou costumes do século*

"Seja qual for a contrariedade que sentimos por nos vermos encarregados de um indigente, não sem dificuldade experimentamos as novas vantagens que finalmente o tiram de nossa dependência: da mesma forma, a alegria que sentimos com a ascensão de um amigo é equilibrada pela pequena tristeza de vê-lo acima de nós ou igualar-se a nós. Assim, nos harmonizamos pouco com nós mesmos; pois queremos dependentes, mas que eles não custem nada; queremos também o bem de nossos amigos, mas, quando ele acontece, nem sempre nos regozijamos."

La Bruyère, *Personagens ou costumes do século*

"O ciúme se alimenta de dúvidas e se torna furor ou acaba assim que passamos da dúvida para a certeza."

La Rochefoucauld, *Reflexões ou sentenças e máximas morais*

"Quando jovens, é comum sermos pobres: ainda não adquirimos nada ou as heranças não aconteceram. Nos tornamos ricos e velhos ao mesmo tempo: como é raro que os homens possam reunir as duas vantagens! E, quando isso acontece a alguns, não há motivo para invejá-los: eles têm o suficiente a perder com a morte para merecerem ser chorados."

La Bruyère, *Personagens ou costumes do século*

"O homem que diz que não nasceu feliz poderia no mínimo se tornar feliz com a felicidade dos amigos ou dos próximos. A inveja o impede desse último recurso."

La Bruyère, *Personagens ou costumes do século*

"Todos estamos ligados à Fortuna: para uns, a corrente é de ouro e macia, para outros, apertada e grosseira, mas que importância isso tem? É a mesma prisão que nos encerra a todos, e aqueles que mantêm os outros acorrentados também o estão, a menos que acredites que uma corrente é menos pesada no braço esquerdo. Um é mantido preso pelas honras, outro, pela riqueza; alguns carregam o fardo de um nascimento ilustre, outros, o do anonimato; estes curvam a cabeça sob a tirania de outro, aqueles, sob a própria tirania; um foi preso por seu exílio, outro, por seu sacerdócio. Toda vida é uma escravidão."

Sêneca, *Da tranquilidade da alma*

"A lembrança da juventude é terna aos velhos: eles amam os lugares por onde passaram; as pessoas que conheceram naquele tempo lhes são queridas; utilizam algumas palavras da primeira língua que falaram; gostam da antiga maneira de cantar e da velha dança; gabam as modas que reinavam nas roupas, nos móveis, nos equipamentos. Não conseguem desaprovar coisas que serviam a sua paixão, que eram tão úteis a seus prazeres e que despertam sua memória. Como poderiam preferir novos usos e modas recentes onde não têm lugar e dos quais nada esperam, feitos pelos jovens, que, por sua vez, deles tiram tão grandes vantagens contra a velhice?"

La Bruyère, *Personagens ou costumes do século*

8

Saber perdoar e esquecer

"Saber esquecer
 É uma alegria, mais que uma arte. As coisas que mais valem ser esquecidas são as que mais lembramos. A memória não tem apenas a incivilidade de faltar na hora em que precisamos dela, mas ainda a impertinência de com frequência vir na hora errada. Em tudo que deve causar dor ela é pródiga; e em tudo o que poderia dar prazer ela é estéril. Às vezes, o remédio para o mal consiste em esquecer, mas esquecemos o remédio. É preciso, portanto, acostumar a memória a mudar de direção, pois depende dela fazer um paraíso ou um inferno."

Gracián, *A arte da prudência*

"É preciso saber punir e perdoar."

Cristina da Suécia, *Máximas*

"Os desprezos vingam com nobreza os grandes corações."

Cristina da Suécia, *Máximas*

"Quando um homem comete um erro contra ti, considera imediatamente que opinião ele tem do bem ou do mal para ter cometido esse erro. Quando descobrires, terás piedade dele e não sentirás nem espanto nem raiva. Pois ou tu também ainda tens a mesma opinião que ele sobre o bem ou tens outra análoga, e precisas perdoá-lo. Mas se não compartilhas mais de suas opiniões sobre o bem e o mal, serás mais facilmente bondoso com ele, que não os distingue bem."

Marco Aurélio, *Meditações*

"É preciso conhecer bem as coisas antes de se pronunciar sobre a ação do outro com conhecimento de causa. [...] Quando te indignas ou te afliges além da conta, lembra que a vida é curta e que em breve estaremos mortos."

Marco Aurélio, *Meditações*

Renunciar à vingança

"Vingar-se de uma ofensa é colocar-se no mesmo nível do inimigo; perdoá-la é colocar-se acima dele."

Provérbio inglês

"O outro cometeu um mal contra mim? Problema dele. Ele tem suas próprias tendências, suas próprias atividades. De minha parte, tenho nesse momento o que a natureza quer que eu tenha nesse momento, e faço o que minha natureza exige que eu faça nesse momento."

Marco Aurélio, *Meditações*

"Desprezar as injúrias é vingar-se."

Cristina da Suécia, *Máximas*

"Fazer uma má ação para se vingar é punir a si mesmo."

Cristina da Suécia, *Máximas*

"Quem tem a consciência tranquila de não ter merecido uma censura pode desdenhá-la e a desdenhará."

Schopenhauer, *Aforismos para a sabedoria de vida*

"Sangue não se lava com sangue, mas com água."

Provérbio turco

9

TER CONSCIÊNCIA DA FRAGILIDADE DAS COISAS

"Como nada dura, tudo se equivale", dizem os otomanos. Carregados pelo turbilhão cotidiano de nossas atividades, tendemos a adiar para mais tarde coisas no entanto importantes: telefonar aos pais, escrever uma carta (ou um fax ou um e-mail!) a um amigo distante ou simplesmente dizer a alguém que o amamos. Pensamos ter a vida inteira pela frente. Ora, a vida é frágil. Tudo passa, tudo cansa. Aqueles que amamos se afastam, morrem e, depois, é tarde demais para tomarmos consciência de tudo o que eles representavam para nós. Tenhamos em mente, o tempo todo, a precariedade de todas as coisas. Uma das regras da felicidade é viver cada dia como se ele fosse o último. E aproveitar a vida com conhecimento de causa.

"Tudo é efêmero, tanto o fato de lembrar quanto o objeto da lembrança."

Marco Aurélio, *Meditações*

"Ontem à noite, quebrei meu cálice contra uma pedra...
    Minha cabeça girou por eu ter feito tal coisa,
    E o cálice me disse em sua língua mística:
    'Fui como tu, tu serás como eu um dia'."

Khayyam, *Rubaiyat*

"Ontem, no bazar, vi um oleiro
    Que pisava a argila com raiva;

E a argila lhe disse, em sua língua mística:
'Outrora, fui viva, como tu; seja menos brutal'."

Khayyam, *Rubaiyat*

"'Não pensei que isso fosse acontecer.' 'Quem diria que isso poderia acontecer?' E por que não? Que riqueza não é perseguida pela pobreza, pela fome e pela miséria? Que cargo honorífico não tem a toga pretexta, o bastão augural e as sandálias patrícias perseguidos por humilhações, críticas censórias, mil afrontas e os piores desprezos? Que poder não ameaça ruir, ser derrubado, que não está à mercê de um novo senhor, de um carrasco? E não é preciso muito tempo para passar de um extremo a outro: basta uma hora para cair do trono e ter que abraçar joelhos!"

Sêneca, *Da tranquilidade da alma*

"Saibas, no futuro, que toda situação está sujeita a reviravoltas e que tudo o que acontece com qualquer pessoa também pode acontecer contigo."

Sêneca, *Da tranquilidade da alma*

"Olha para trás e vê a infinidade da duração; e, a tua frente, outro infinito. Nessa imensidão, em que difere aquele que viveu três dias daquele que durou três vezes a idade de Gereniano?"

Marco Aurélio, *Meditações*

"Lembra-te do seguinte: em pouquíssimo tempo, tu e ele estarão mortos; e, logo depois, nada, nem mesmo o nome de vocês, restará."

Marco Aurélio, *Meditações*

"Por quanto tempo ainda seremos escravos dos problemas cotidianos?
    Que importa viver um ano ou um dia neste mundo?
    Serve um cálice de vinho antes
    Que sejamos potes no ateliê do oleiro."

Khayyam, *Rubaiyat*

"Lembra há quanto tempo adias para mais tarde e quantas vezes, tendo recebido dos deuses ocasiões para regrar tuas contas, não as aproveitaste. Mas é preciso, por fim, a partir de agora, que sintas de que mundo fazes parte e de que ser – mestre do mundo – és uma emanação, e que percebas que estás circunscrito a um tempo limitado. Se não aproveitares para chegar à serenidade, esse momento passará; tu também passarás e ele nunca mais voltará."

Marco Aurélio, *Meditações*

"Seguindo a rua 'Mais tarde' chegamos à praça 'Jamais'."

Provérbio espanhol

"Não aja como se tivesses milhares de anos para viver. O inevitável está suspenso acima de ti. Enquanto viveres, enquanto isso te for possível, torna-te homem de bem."

Marco Aurélio, *Meditações*

"Tudo desvanece rapidamente: os corpos no mundo e a lembrança deles no tempo!"

Marco Aurélio, *Meditações*

"Precisas estar em certo estado, de corpo e de alma, quando a morte te surpreender. Pensa na brevidade da vida, no sorvedouro do tempo que está à frente e atrás de ti, na fragilidade de toda matéria."

Marco Aurélio, *Meditações*

"A maioria dos homens que vive no mundo vive tão irrefletidamente, pensa tão pouco, que não conhece o mundo que está o tempo todo diante de seus olhos."

Chamfort, *Máximas e pensamentos*

Quinta parte

Os aliados da serenidade

Nossos comportamentos cotidianos determinam em grande parte a capacidade de sermos felizes, se admitirmos de uma vez por todas que a felicidade está dentro de nós, como ensinado pelos filósofos. É preciso saber aceitar, portanto, que os acontecimentos nem sempre se desenvolvem da maneira como desejamos, disse Epicteto. Mas também é preciso saber amar a si mesmo e ser doce consigo mesmo, buscar a calma e a solidão, "o elemento dos grandes espíritos", lembrou Cristina da Suécia. É preciso controlar-se, fugir da cólera, manter a simplicidade, não se agitar a torto e a direito, conservar o bom humor e a capacidade de maravilhamento. Mas também não cair no cinismo e na derrisão. Enfim, é preciso gozar plenamente do momento presente, que é nossa única e verdadeira posse. "Cada dia separadamente é uma vida separada", lembrou Sêneca.

A serenidade é um pouco de tudo isso ao mesmo tempo. Descubra ao longo dessas páginas os aliados que podem ajudá-lo a se tornar um pouco mais sereno.

Da aceitação

"Em todas as coisas, é preciso fazer o que depende de si e, de resto, ser firme e tranquilo. Sou obrigado a embarcar; o que devo fazer? Escolher bem o barco, o comandante, os marujos, a estação, o dia, o vento, isso é tudo que depende de mim. Assim que chego a alto-mar, surge uma grande tempestade; ela não é mais da minha alçada, é da alçada do comandante. O barco naufraga; o que devo fazer? Faço o que depende de mim, não grito, não me apavoro. Sei que tudo que nasce deve morrer, é a lei geral; devo morrer, portanto. Não sou eterno; sou um homem, uma parte do todo, assim como uma hora é parte do dia. Uma hora vem e passa; eu venho e passo: a maneira de passar é indiferente; seja pela febre ou pela água, dá na mesma."

Epicteto, *Diatribes*

Da abnegação

"Quanto mais nos despojamos das coisas e outros assemelhados, mais suportamos o despojamento e mais somos homens de bem."

Marco Aurélio, *Meditações*

"Lembra que deves te comportar como num banquete. O prato que circula chega até ti? Estende a mão e serve-te com moderação. Ele passa longe de ti? Não vás até ele. Ele demora a chegar? Não coloques sobre ele teu desejo, mas pacienta até que ele chegue até ti. Sê assim também com teus filhos, com tua mulher, com os cargos públicos, com a riqueza, e um dia serás digno de te tornar comensal dos deuses. Mas se não pegares nada do que te é servido, se o considerares com indiferença, serás não apenas o comensal dos deuses como te tornarás companheiro deles. Foi fazendo assim que Diógenes, Heráclito e seus semelhantes mereceram com justiça serem chamados daquilo que eram: seres divinos."

Epicteto, *Manual de Epicteto*

"Podes vencer nos Jogos Olímpicos? Eu também, pelos deuses! Pois trata-se de um nobre triunfo. Mas examina os antecedentes e as consequências desse projeto antes de empreendê-lo. Precisas te disciplinar, regular tua alimentação, te abster de guloseimas, fazer exercícios forçados e regrados dependendo da hora, do calor e do frio, não beber água fria ou vinho a qualquer hora; em suma, precisas te entregar a teu treinador como a um médico. Depois, na arena, precisas cavar a terra, às vezes deslocar uma mão, torcer o calcanhar, comer poeira, às vezes também ser chicoteado e, depois de tudo isso, ser vencido."

Epicteto, *Manual de Epicteto*

"Quando uma ideia prazerosa se apresenta a teu espírito, cuida, assim como em relação às demais, para não te deixar levar por ela.

Adia a ação e obtém de ti algum prazo. Compara, a seguir, os dois momentos: aquele em que gozarás do prazer e aquele em que, tendo gozado, te arrependerás e te culparás. Opõe a esses pensamentos a alegria que experimentarás. E, se as circunstâncias exigirem que ajas, toma cuidado para não te deixares vencer por aquilo que a coisa oferece de suave, agradável e atraente. Recompensa-te ao pensar como é preferível ter a consciência de ter obtido essa vitória."

Epicteto, *Manual de Epicteto*

"O rouxinol e o falcão

Um rouxinol pousado num carvalho alto cantava como de costume. Um falcão o avistou; sem ter o que comer, voou rápido até ele e o agarrou. Vendo-se em perigo de morte, a vítima pediu para ser solta, alegando não ser suficiente para encher sozinha um ventre de falcão: se estava sem comida, precisava de um pássaro maior. 'Mas eu seria louco', respondeu o falcão, 'se soltasse o alimento que levo nas garras para caçar aquele que ainda nem avistei.'

O mesmo ocorre entre os homens: é pouco sensato, na esperança de bens maiores, deixar escorrer por entre os dedos aquele que temos."

Esopo, *Fábulas*

"O camponês e seus filhos

Um camponês ia morrer. Desejoso de transmitir aos filhos alguma experiência do trabalho da terra, reuniu-os para dizer: 'Meus filhos, em uma de minhas vinhas está enterrado um tesouro'. Depois que ele morreu, os filhos pegaram enxadas e foices para revirar o solo de toda a propriedade. Não encontraram tesouro algum, mas a vinha, com a terra arada, deu-lhes uma vindima inaudita.

Foi assim que eles entenderam que o esforço é o tesouro dos homens."

Esopo, *Fábulas*

"Ao vermos os bens que não possuímos, logo dizemos: 'Ah! Se fosse meu!', e é esse pensamento que nos torna sensíveis à privação. Em vez disso, deveríamos nos perguntar: 'Como seria se isso não me pertencesse?'. Quero dizer com isso que às vezes deveríamos nos esforçar para pensar nos bens que possuímos como se os tivéssemos perdido; e estou falando dos bens de todo tipo: riqueza, saúde, amigos, amante, esposa, filho, cavalo e cão; pois com frequência é a perda das coisas que nos ensina o seu valor. O método que recomendamos aqui, ao contrário, terá como primeiro resultado fazer com que a posse nos torne imediatamente mais felizes do que antes e, como segundo, ela fará com que tomemos todas as precauções para não perdê-la: assim, não arriscaremos o que temos, não irritaremos nossos amigos, não exporemos à tentação a fidelidade de nossa mulher, vigiaremos a saúde de nossos filhos e assim por diante. Muitas vezes tentamos avivar a cor pálida do presente com especulações sobre possibilidades de chance favorável, e imaginamos todo tipo de esperanças quiméricas, todas amplas em decepções; assim, estas não deixam de acontecer assim que aquelas se chocam contra a dura realidade. Melhor escolher chances desfavoráveis como tema de nossas especulações; isso nos levaria a tomar disposições de modo a afastá-las e nos proporcionaria agradáveis surpresas quando essas eventualidades não se realizassem. Não saímos das apreensões sempre muito mais felizes? É mesmo salutar cogitar certos grandes infortúnios que podem eventualmente nos atingir; isso nos ajuda a suportar com mais tranquilidade males menos graves quando eles de fato nos esmagam, pois nos consolaremos então com um novo pensamento sobre esses infortúnios consideráveis que não se realizaram."

Schopenhauer, *Aforismos para a sabedoria de vida*

Amar a si mesmo

"Amar a si mesmo é o início de uma vida de paixão amorosa."

Oscar Wilde, *Aforismos*

"Torna-te amigo de ti mesmo e poderás viver sozinho."

Gracián, *A arte da prudência*

"Estima-te, se quiseres que te estimem; sê mais avaro do que pródigo de ti. Faz-te desejar e serás bem recebido. Só vem quando te chamam e só vai quando te enviarem."

Gracián, *A arte da prudência*

"Julga-te digno, desde hoje, de viver como homem feito e maduro para progredir. Que tudo o que te parece bom seja para ti uma lei inviolável."

Epicteto, *Manual de Epicteto*

"Julga-te digno de toda palavra e de toda ação de acordo com a natureza. Não te deixes desviar, nem pela crítica de uns, nem pelas palavras que resultam dela. Mas, apesar de ser bom agir ou falar, não te julgues indigno. Os outros têm seu princípio pessoal de direção e devem lidar com seu instinto particular. Quanto a ti, não te preocupes; segue teu reto caminho, deixando-te conduzir por tua própria natureza e pela natureza universal: as duas seguem a mesma via."

Marco Aurélio, *Meditações*

"Ama apenas o que acontece a ti e que constitui a trama de tua vida. Haverá algo, de fato, que te convenha mais?"

Marco Aurélio, *Meditações*

"Muitas vezes me espantei que cada homem, apesar de amar a si próprio preferencialmente a todos os outros, no entanto faça menos caso de sua opinião sobre si mesmo do que da opinião que os outros têm a seu respeito. E isso a tal ponto que se um deus viesse a seu lado, ou um sábio preceptor lhe ordenasse nada pensar e nada conceber em si mesmo sem imediatamente expressá-lo em voz alta, ele não conseguiria fazê-lo, nem por um único dia. Assim, apreendemos mais a opinião de nossos vizinhos sobre nós mesmos do que a nossa própria."

Marco Aurélio, *Meditações*

"E a particularidade da alma sensata também é o amor ao próximo, a verdade, o pudor, a obrigação de estimar a si mesma mais que a tudo, o que é também a particularidade da lei."

Marco Aurélio, *Meditações*

"[Os estoicos] afirmam que a partir do momento em que um animal nasce [...] ele ordena a si mesmo ter uma tendência à autopreservação, a amar sua natureza e tudo o que é capaz de preservá-la, e que ele se afasta da destruição e de tudo o que poderia levar a ela. Eles o provam da seguinte maneira: antes de terem experimentado o prazer ou a dor, os filhotes buscam o que lhes é útil e fogem do que lhes é prejudicial, o que não aconteceria se não se apegassem a sua natureza e não temessem a destruição. Por outro lado, não seria possível que tivessem um desejo qualquer se não tivessem nenhuma consciência de si mesmos e, assim, nenhum amor por si mesmos. Por isso podemos concluir que o amor por si mesmo foi o princípio primordial.

Cícero, *De finibus*

"A melhor filosofia relativa ao mundo é aliar, a seu próprio respeito, o sarcasmo da alegria com a indulgência do desprezo."

Chamfort, *Máximas e pensamentos*

"A natureza não me disse: 'Não sejas pobre'; menos ainda: 'Sê rico'; mas ela me grita: 'Sê independente'."

Chamfort, *Máximas e pensamentos*

"No fim das contas, amamos nossos desejos, e não o que desejávamos."

Nietzsche, *Além do bem e do mal*

"Há, de maneira geral, poucas pessoas com fé em si mesmas; algumas ainda trazem essa fé de nascença como uma cegueira necessária ou como um escurecimento parcial do espírito (que espetáculo veriam se pudessem olhar no fundo de si mesmas!); outras precisam adquiri-la: tudo o que fazem de bom, de sólido e de grande é, acima de tudo, um argumento contra o cético que mora dentro delas: trata-se de convencer ou persuadir esse cético, o que quase exige gênio. São os grandes descontentes consigo mesmos."

Nietzsche, *A gaia ciência*

"Importa provar a si mesmo que estamos destinados à independência e ao comando, e isso na hora certa. Não devemos fugir da obrigação de provarmos a nós mesmos, apesar de talvez não existir jogo mais perigoso que esse e de, definitivamente, tratar-se apenas de provas das quais somos nós mesmos as testemunhas e os únicos juízes. Não se apegar a ninguém, nem mesmo ao mais amado – toda pessoa é uma prisão, e também um refúgio. Não se apegar a nenhuma pátria, nem mesmo à mais sofredora e mais vulnerável – já é difícil desapegar seu coração de uma pátria vitoriosa. Não se apegar a nenhuma compaixão, mesmo que dirigida a homens superiores que por acaso descobrirmos em raro martírio e abandono. Não se apegar a nenhuma ciência, mesmo que ela nos atraia com a promessa das descobertas mais preciosas, reservadas a nós. Não se apegar a seu próprio desapego, a essa volúpia do distante que é a do pássaro que voa sempre mais alto para ver o espaço se ampliar sob suas asas – esse é o perigo daquele que voa. Não se apegar a suas virtudes e não sacrificar seu ser total a uma particularidade qualquer, como por exemplo seu gosto pela 'hospitalidade', perigo por excelência das almas nobres e ricas que são pródigas e despreocupadas de si mesmas e que levam quase ao vício a virtude da generosidade. Devemos saber nos preservar; essa é a maior prova de independência."

Nietzsche, *Além do bem e do mal*

"Precisamos ser como se não tivéssemos motivo para nos envergonhar diante de nós mesmos. Não precisamos de outra regra de ação além de nossa própria consciência. O homem de bem deve mais à própria severidade do que a todos os preceitos. Ele se abstém de fazer o que é indecente, por medo de ferir sua própria modéstia, mais do que pelo rigor da autoridade dos superiores. Quando temamos a nós mesmos, não precisamos do pedagogo imaginário de Sêneca."

Gracián, *A arte da prudência*

"Saber preservar-se da tristeza

É uma ciência muito útil; é como a parteira de toda felicidade na vida. Más notícias não valem nada, sejam dadas ou recebidas; só devemos abrir a porta às remediáveis. Há pessoas que só usam os ouvidos para ouvir bajulações; outras que gostam de ouvir falsos testemunhos; e algumas que não poderiam viver um único dia sem algum problema, não mais que Mitridates sem veneno. É ainda um grande excesso de bem querer se entristecer por toda a vida para dar prazer a outro, por mais estreito que seja nosso laço com ele. Nunca se deve pecar contra si mesmo para agradar àquele que aconselha e se mantém distante. Portanto, é uma lição do costume e da justiça que, todas as vezes que tiveres que escolher dar prazer a alguém, ou desprazer a ti mesmo, prefiras deixar o outro descontente do que tornar a ti mesmo irremediavelmente descontente."

Gracián, *A arte da prudência*

"Estar descontente consigo mesmo é uma fraqueza; estar contente é uma loucura."

Gracián, *A arte da prudência*

"Devemos tomar conta de nós mesmos e nos concedermos de tempos em tempos um repouso que nos sirva de alimento e reconforto. Devemos também passear sem rumo e ao ar livre a fim de que a visão do céu e o ar puro nos deem uma chicotada salutar; de tempos em tempos, um passeio de liteira, uma viagem, uma mudança de ares recuperarão nossas forças, ou então uma refeição mais copiosa que de costume. Não hesitemos, de tempos em tempos, em nos embebedar, não para nos afogarmos no vinho mas para nele encontrar um pouco de descanso: a embriaguez varre as preocupações, sacode profundamente e cura nossa morosidade assim como cura certas doenças. Não chamamos o inventor do vinho de Líber porque ele solta a língua, mas porque ele liberta nossa alma das preocupações que a dominam, ele a sustenta, vivifica e dá coragem a todas as suas ações."

Sêneca, *Da tranquilidade da alma*

"Por melhor que falem de nós, não nos ensinam nada de novo."
La Rochefoucauld, *Reflexões ou sentenças e máximas morais*

"As violências que nos são feitas causam-nos menos mal do que as que fazemos a nós mesmos."
La Rochefoucauld, *Reflexões ou sentenças e máximas morais*

"Aniquilamos nosso próprio caráter por medo de atrair olhares e atenções, e nos precipitamos na nulidade para escapar ao perigo de sermos retratados."
Chamfort, *Máximas e pensamentos*

DA CALMA

"O ideal da calma está num gato sentado", escreveu Jules Renard em seu Diário. A calma é uma aliada da serenidade. Ela é típica

daqueles que vivem em harmonia consigo mesmos. Ninguém precisa estar em meio ao barulho e ao estardalhaço para se sentir vivo. Melhor estarmos sozinhos para nos tranquilizarmos e nos encontrarmos, por isso nunca deveríamos fugir da solidão e da calma que a acompanha.

"A moderação das pessoas felizes vem da calma que a boa fortuna dá a seus humores."

La Rochefoucauld, *Reflexões ou sentenças e máximas morais*

"A vida justa é a mais desprovida de perturbação; a vida injusta é preenchida pela mais viva perturbação."

Epicuro, *Sentenças vaticanas*

"Aquele que é calmo não pode ser perturbado, nem por si mesmo nem pelo outro."

Epicuro, *Sentenças vaticanas*

"A calma ou a agitação de nosso humor não dependem tanto do que nos acontece de mais importante na vida quanto de um arranjo cômodo ou desagradável de pequenas coisas que nos acontecem todos os dias."

La Rochefoucauld, *Reflexões ou sentenças e máximas morais*

"Assim como é do caráter dos grandes espíritos dizer muito em poucas palavras, os pequenos espíritos, ao contrário, têm o dom de falar muito e nada dizer."

La Rochefoucauld, *Reflexões ou sentenças e máximas morais*

"Devemos livrar-nos da prisão dos negócios cotidianos e públicos."

Epicuro, *Sentenças vaticanas*

"Se puderes, com tuas palavras traz as conversas com aqueles que vives para assuntos convenientes. Mas, se te encontras isolado no meio de estranhos, cala-te."

Epicteto, *Manual de Epicteto*

"Como é fácil repelir e abandonar todo pensamento desagradável ou impróprio e entrar imediatamente na mais perfeita calma."

Marco Aurélio, *Meditações*

"Buscamos retiros no campo, nas praias, nas montanhas. Tu também costumas desejar ardentemente esses locais de isolamento. Mas tudo isso vem da opinião mais vulgar, pois podes, quando quiseres, retirar-te em ti mesmo. Em lugar algum, de fato, o homem encontra retiro mais calmo e tranquilo do que em sua alma, principalmente quando possui, em seu foro íntimo, noções sobre as quais basta se debruçar para imediatamente alcançar uma quietude absoluta, e por quietude não quero dizer outra coisa que uma ordem perfeita."

Marco Aurélio, *Meditações*

"É preciso ter esses três pensamentos sempre presentes no espírito. No que concerne a tuas ações, que elas não sejam executadas ao acaso, nem de outro modo que se fossem realizadas pela própria justiça. Quanto aos acontecimentos exteriores, pensa que eles se devem seja ao acaso, seja à Providência, e que não podes culpar o acaso nem acusar a Providência.

Em segundo lugar, pensa no que se torna cada homem da concepção à vida, e desse momento até o de entregar a alma. De que elementos se compõe? Em que elementos se decompõe?

Em terceiro lugar, supõe que, subitamente elevado aos ares, lá do alto contemplasses as coisas humanas e sua mobilidade, como as desprezarias vendo ao mesmo tempo a imensa extensão onde vivem os habitantes dos ares e das regiões etéreas! E, a cada vez que te elevasses, sonharias com as mesmas coisas, sua uniformidade, sua curta duração. Será isso motivo de orgulho?"

Marco Aurélio, *Meditações*

"Toda vida deve ser pensada, para não ser perdida."

Gracián, *A arte da prudência*

"Buscamos, portanto, permitir que a alma siga seu curso sempre igual e favorável, que seja bondosa consigo mesma, que contemple alegremente o que lhe é próprio, que não interrompa esse prazer e mantenha a serenidade sem nunca se exaltar ou desencorajar. Isso é a tranquilidade. Buscamos chegar a ela, sem entrar em casos particulares: esse tratamento valerá para todos, reterás apenas aquilo que quiseres."

Sêneca, *Da tranquilidade da alma*

"Tentemos não nos deixar levar pelo turbilhão que carrega as pessoas sucessivamente às casas das outras, aos teatros e aos fóruns: elas se oferecem para resolver os negócios dos outros, dando a impressão de estarem sempre em atividade. Perguntemos a uma delas, quando ela sair de casa: 'Onde vais? Quais teus projetos?'. Ela responderá: 'Por Hércules! Não sei, mas verei pessoas, encontrarei alguma coisa para fazer'."

Sêneca, *Da tranquilidade da alma*

"Devemos nos fechar em nós mesmos com frequência, pois a companhia das pessoas diferentes de nós perturba nosso equilíbrio, aviva nossas paixões e destaca tudo aquilo que, em nós, é frágil ou foi incompletamente curado. Dito isso, devemos combinar a alternância entre a solidão e a vida em sociedade. A solidão nos fará sentir falta da companhia dos homens, a sociedade, de nossa própria companhia; uma servirá de remédio à outra, e vice-versa: nosso horror à multidão encontrará sua cura na solidão, e nosso desgosto da solidão, na multidão."

Sêneca, *Da tranquilidade da alma*

"Não te convido para um descanso estéril e apático, nem para afogar no sono e nos prazeres caros à grande maioria das pessoas a vitalidade natural que existe em ti; descansar não é isso: descobrirás, mais amplas que todas aquelas a que dedicaste tua energia, tarefas que poderás realizar em meio ao isolamento e à tranquilidade."

Sêneca, *Sobre a brevidade da vida*

"Quem quiser viver com a alma tranquila deve evitar exercer muitas atividades privadas ou públicas."

Demócrito

"Os homens sempre começam pelo amor, acabam pela ambição e só se encontram num estado de espírito mais tranquilo depois que morrem."

La Bruyère, *Personagens ou costumes do século*

"Somos mais felizes na solidão do que em sociedade. Não seria porque, na solidão, pensamos nas coisas e, em sociedade, somos forçados a pensar nos homens?"

Chamfort, *Máximas e pensamentos*

"O descanso é um encanto que nos recompensa com todos os prazeres e todas as grandezas. É essa preciosa paz que triunfa sobre tudo e que a sociedade não pode nos dar."

Cristina da Suécia, *Máximas*

"A solidão é o elemento dos grandes espíritos."

Cristina da Suécia, *Máximas*

"O homem inteligente aspirará, acima de tudo, a fugir da dor, do alvoroço e a encontrar o repouso e os lazeres; ele buscará uma vida tranquila, modesta, o máximo possível ao abrigo dos inoportunos;

depois de ter mantido por algum tempo relações com os chamados homens, ele preferirá uma vida retirada e, se for um espírito absolutamente superior, escolherá a solidão. Pois quanto mais um homem possui em si mesmo, menos ele precisa do mundo exterior e menos os outros podem lhe ser úteis. Assim, a superioridade da inteligência conduz à insociabilidade. Ah! Se a qualidade da sociedade pudesse ser substituída pela quantidade, então valeria a pena viver na grande sociedade. Infelizmente, porém, cem loucos amontoados ainda não fazem um homem sensato."

Schopenhauer, *Aforismos para a sabedoria de vida*

"A influência benéfica de uma vida retirada sobre nossa tranquilidade de alma decorre em grande parte de ela nos retirar a obrigação de viver constantemente sob os olhares dos outros e, consequentemente, de nos retirar a incessante preocupação por suas possíveis opiniões: o que provoca o efeito de nos devolver a nós mesmos."

Schopenhauer, *Aforismos para a sabedoria de vida*

"A paz de coração verdadeira e profunda e a perfeita tranquilidade do espírito, bens supremos na terra depois da saúde, só se encontram na solidão e, para serem permanentes, no retiro absoluto. Quando o eu é grande e rico, experimentamos a condição mais feliz que possa ser encontrada neste pobre mundo inferior. Sim, digamos abertamente: por mais estreitamente que a amizade, o amor e o casamento unam os homens, só queremos o bem, inteiramente e de boa-fé, de nós mesmos, no máximo de nosso filho. Quanto menos precisarmos, devido a condições objetivas ou subjetivas, entrar em contato com os homens, melhor estaremos. A solidão, o deserto permanente de abarcar com um único olhar todos os nossos males, se não de senti-los de uma só vez; a sociedade, ao contrário, é *insidiosa*; ela esconde males imensos, com frequência irreparáveis, atrás de uma aparência de passatempos, de conversas, de divertimentos em sociedade e outros afins. Um estudo importante para os homens seria aprender de boa hora a suportar a solidão, fonte de felicidade e de tranquilidade intelectual."

Schopenhauer, *Aforismos para a sabedoria de vida*

Da utilidade de manter a calma

"Irritar-se contra qualquer acontecimento é expandir para fora da natureza em que estão contidas enquanto parte as naturezas de cada um e todo o restante dos seres. A alma injuria a si mesma ao sentir aversão por um homem ou, para prejudicá-lo, ao erguer-se contra ele, como as almas dos homens coléricos."

Marco Aurélio, *Meditações*

"As cóleras e as tristezas que sentimos são mais desagradáveis do que as coisas pelas quais nos encolerizamos e nos indignamos."

Marco Aurélio, *Meditações*

"Demonstrar cólera ou ódio com as palavras ou expressões faciais é inútil, perigoso, imprudente, ridículo, vulgar. Só devemos demonstrar cólera ou ódio por meio das ações. A segunda maneira terá tanto mais êxito quanto mais evitarmos a primeira. Os animais de sangue frio são os únicos venenosos."

Schopenhauer, *Aforismos para a sabedoria de vida*

"De todo modo, o homem que mantém a calma nos reveses que sofre prova saber que os males possíveis na vida são imensos e múltiplos, e que não considera o infortúnio daquele momento mais que uma pequena parte do que poderia acontecer: esse é o sentimento estoico, que leva a nunca ser 'negligente da condição humana', mas a lembrar constantemente do triste e deplorável destino geral da existência humana, bem como do número infinito de sofrimentos aos quais ela está sujeita."

          Schopenhauer, *Aforismos para a sabedoria de vida*

"A principal razão pela qual um acontecimento infeliz é menos pesado de suportar quando o cogitamos antecipadamente e nos preparamos a ele, como se diz, é a seguinte: quando pensamos com calma sobre um infortúnio antes que ele aconteça, como uma simples possibilidade, percebemos com clareza sua extensão por todos os ângulos e adquirimos então a noção de que ele é uma coisa finita e fácil de abarcar com um olhar; a seguir, quando acontece de fato, ele não pode agir com mais peso do que realmente tem."

          Schopenhauer, *Aforismos para a sabedoria de vida*

"Por mais seguro e firme que sejas, não causes dano a ninguém;
   Que ninguém precise sofrer o peso de tua cólera.
Se o desejo de paz eterna existe dentro de ti,
   Sofre sozinho, sem que possam, ó vítima, chamar-te de algoz."

          Khayyam, *Rubaiyat*

"Saber suportar um momento de cólera é poupar-se um século de lamentos."

          Provérbio chinês

DA CONFIANÇA

"Aquele que confiou seu segredo ao outro fez-se seu escravo."

          Gracián, *A arte da prudência*

"Como querer que o outro guarde nosso segredo se nós mesmos não conseguimos guardá-lo?"

          La Rochefoucauld, *Reflexões ou sentenças e máximas morais*

"Somente um nascimento decente, ou uma boa educação, torna os homens capazes de segredo."

La Bruyère, *Personagens ou costumes do século*

"Toda confiança é perigosa quando não é total: há poucas circunstâncias em que por pouco não se diga tudo ou se esconda tudo. Já se disse muito de seu segredo ao outro quando se pensa necessário esconder-lhe algum fato."

La Bruyère, *Personagens ou costumes do século*

"Não tens, hoje, poder sobre o amanhã;
    A ansiedade pelo dia seguinte é inútil.
    Se teu coração não for insensato, não te preocupes nem com o presente;
    Sabes o que valerão os dias que te restam para viver?"

Khayyam, *Rubaiyat*

"Para ti, portanto, escolhe com simplicidade e liberdade aquilo que vês de melhor e persiste nessa escolha. O melhor é o útil."

Marco Aurélio, *Meditações*

"Apesar de a sinceridade e a confiança terem relação, elas são diferentes em vários aspectos: a sinceridade é uma abertura do coração que nos mostra tal como somos; ela é um amor pela verdade, uma repugnância por disfarces, um desejo de se redimir de seus defeitos e de diminuí-los através do mérito de confessá-los. A confiança não nos dá tanta liberdade, suas regras são mais rígidas, ela exige mais prudência e contenção, e nem sempre temos liberdade para dispor dela: não se trata apenas de nós, e nossos interesses estão mesclados aos interesses dos outros. Ela precisa de uma grande precisão para não liberar nossos amigos ao nos liberar, e para não fazer dons dos bens deles com vistas a aumentar o preço daquilo que damos.

A confiança sempre agrada àquele que a recebe: é um tributo que pagamos a seu mérito; é um depósito que fazemos a sua fé; é uma garantia que lhe confere um direito sobre nós e uma espécie de dependência a que nos sujeitamos voluntariamente."

La Rochefoucauld, *Reflexões ou sentenças e máximas morais*

Do conhecimento de si

Com frequência somos nossos piores inimigos. É importante, portanto, conhecer-se para progredir, ainda que apenas para não reproduzir os próprios erros. De fato, olhar para quem somos, com nossos defeitos e qualidades, é fazer prova de prudência e lucidez. Quando aprendemos a nos conhecer, controlamos nossas capacidades, não nos enganamos sobre nós mesmos e podemos nos dominar.

"Quem teme a si próprio não tem mais nada a temer."

Provérbio chinês

"É preciso conhecer a si mesmo. Se isso não servir para encontrarmos a verdade, ao menos servirá para regularmos nossa vida, e não há nada mais correto que isso."

Pascal, *Pensamentos*

"Uma lição de prudência é refletir sobre si mesmo, conhecer suas próprias inclinações e preveni-las, e inclusive ir ao outro extremo para encontrar o equilíbrio da razão entre a natureza e a arte. O conhecimento de si mesmo é o início do aperfeiçoamento."

Gracián, *A arte da prudência*

"Conhecer seus pontos fortes
Esse conhecimento serve para cultivar o que temos de excelente e para aperfeiçoar o que temos de comum. Muitas pessoas teriam se

tornado grandes personagens se tivessem conhecido seu verdadeiro talento. Conhece o teu, então, e soma a ele a diligência. Em uns, o julgamento vence; em outros, a coragem. A maioria violenta o próprio gênio, por isso nunca brilha em nada. Abandonamos tarde demais aquilo que a paixão nos fez desposar de boa hora."

Gracián, *A arte da prudência*

"Conhecer seu principal defeito
Cada um tem o seu, que faz um contraponto a sua principal qualidade; e, se a inclinação ajuda, ele domina como um tirano. Comecemos, então, a combatê-lo abertamente; e que seja por meio de um manifesto. Pois, se ele for conhecido, será vencido; em especial se aquele que o tem julgá-lo tão grande quanto ele parece aos demais. Para ser senhor de si, é preciso refletir sobre si."

Gracián, *A arte da prudência*

"O homem que não sabe encontrar o caminho de *seu* ideal leva uma vida mais frívola e mais insolente do que o homem sem ideal."

Nietzsche, *Além do bem e do mal*

"Esta montanha consiste em todo o encanto e todo o caráter das paragens dominadas por ela: ao ouvirmos isso pela centésima vez ficamos loucos e gratos o suficiente para acreditar que, conferindo esse encanto, ela mesma deva ser o que existe de mais encantador na região; subimos até ela e ficamos desapontados. De repente, o encanto desaparece de suas encostas, da paisagem que nos cerca e da que se estende a nossos pés; esquecemos que muitas grandezas exigem, assim como muitas bondades, serem vistas de certa distância, e de baixo, detalhe capital, nunca de cima; ...somente assim elas causam efeito. Talvez conheças pessoas de teu círculo que só conseguem olhar para si mesmas de certa distância para se acharem suportáveis, sedutoras e estimulantes; o conhecimento de si é coisa a ser-lhes desaconselhada."

Nietzsche, *A gaia ciência*

"Os homens só são enganados por si mesmos."

Cristina da Suécia, *Máximas*

"Para saber a mínima coisa sobre si mesmo, é preciso saber tudo sobre os outros."

Oscar Wilde, *Aforismos*

"Pois não são os banquetes e as festas ininterruptas, nem os gozos que encontramos com garotos e mulheres, não mais que os peixes e todos os alimentos de uma mesa farta, que produzem uma vida de prazer, mas o raciocínio sóbrio que busca as causas de todas as escolhas e de todas as negações, e repele as opiniões que fazem um grande tumulto se apoderar das almas."

Epicuro, *Carta a Meneceu*

"Permanece fiel a tudo que te é prescrito como a leis que não podes, sem impiedade, transgredir. Não importa o que digam de ti, não prestes atenção, pois isso não depende de ti."

Epicteto, *Manual de Epicteto*

"Todas as fontes externas de felicidade e prazer são, por natureza, particularmente incertas, fugidias e aleatórias, portanto sujeitas a se esgotarem com facilidade, mesmo sob as circunstâncias mais favoráveis, e isso é inevitável, visto que não podemos tê-las sempre à mão. Mais ainda, com a idade quase todas fatalmente secam; pois amor, diversões, prazeres com viagens e com a equitação, aptidão para estar em sociedade, tudo isso perdemos; a morte nos tira até amigos e parentes. É nesse momento, mais do que nunca, que é importante saber o que temos em nós mesmos. Somente isso, de fato, resistirá por mais tempo. Em todas as idades, sem distinção, continua sendo a verdadeira fonte e a única permanente de felicidade."

Schopenhauer, *Aforismos para a sabedoria de vida*

"A mão de obra que ajuda a erguer um edifício não conhece o plano de conjunto, ou nem sempre o tem sob os olhos; essa é a posição do homem, enquanto ele está ocupado desenrolando um a um os dias e as horas de sua existência, em relação ao conjunto de sua vida e ao caráter total desta. Quanto mais digno, considerável, significativo e individual é o caráter, mais necessário e benéfico torna-se para o indivíduo lançar de tempos em tempos um olhar para o plano reduzido de sua vida. É verdade que para isso ele precisa já ter dado um primeiro passo no 'conhece-te a ti mesmo': ele precisa saber, portanto, o que de fato quer, principalmente e acima de tudo; ele deve conhecer o que é essencial para sua felicidade e o que só vem em segundo e em terceiro lugar; ele precisa se dar conta, em linhas gerais, de sua vocação, de seu papel e de suas relações com o mundo. Se tudo isso é importante e elevado, então o aspecto do plano reduzido de sua vida o fortalecerá, o sustentará, o elevará mais que qualquer outra coisa; esse exame o encorajará ao trabalho e o desviará dos caminhos que podem induzi-lo ao erro."

Schopenhauer, *Aforismos para a sabedoria de vida*

"Nossas palavras refletem fielmente o estado de nossa alma."

São Francisco de Sales

"A maioria dos homens, para chegar a seus fins, é mais capaz de um grande esforço do que de uma longa perseverança: a preguiça ou a inconstância fazem perder o fruto de melhores inícios; elas se deixam ultrapassar por outros que partiram depois e que caminham lentamente, mas com constância."

La Bruyère, *Personagens ou costumes do século*

"A raposa e as uvas
    Uma raposa faminta avistou os cachos de uva que pendiam de uma parreira e tentou colhê-los, mas não conseguiu. Afastou-se, então, murmurando para si mesma: 'Não estão maduros'.

Alguns homens, da mesma forma, quando sua própria fraqueza os impede de chegar a seus fins, culpam as circunstâncias."

Esopo, *Fábulas*

"O menino ladrão e sua mãe
Ao voltar da escola, um menino entregou à mãe a prancheta do colega, que havia roubado. Como ela, em vez de castigá-lo, parabenizou-o, ele a seguir roubou um casaco e lhe entregou. A mãe não deixou de elogiá-lo. O menino cresceu; tornou-se um jovem rapaz e passou a roubos mais consequentes. Um dia, no entanto, foi pego em flagrante; com as mãos presas às costas, foi levado ao carrasco. A mãe o acompanhou, batendo-se ao peito. Ele disse então que queria murmurar-lhe alguma coisa ao ouvido. Assim que ela se aproximou, ele abocanhou sua orelha e mordeu-a selvagemente. Ela o censurou pela impiedade: como se seus crimes passados não bastassem, ainda mutilava a mãe! 'No dia', ele respondeu, 'em que te trouxe a prancheta, se tivesses me castigado, eu não me veria onde estou hoje, conduzido à morte.'
A fábula mostra que um vício não corrigido desde o início sempre se agrava."

Esopo, *Fábulas*

"O homem muitas vezes pensa conduzir, quando na verdade é conduzido; e, enquanto por seu espírito ele tende a um objetivo, seu coração o arrasta suavemente a outro."

La Rochefoucauld, *Reflexões ou sentenças e máximas morais*

"Aqueles que se dedicam demais às pequenas coisas em geral se tornam incapazes das grandes."

La Rochefoucauld, *Reflexões ou sentenças e máximas morais*

Da consciência

"A consciência é o melhor livro do mundo. É o que devemos consultar com mais frequência."

Pascal, *Pensamentos*

"Podemos lavar nossa roupa, mas não nossa consciência."

Provérbio persa

"Cada um deve agir segundo o que é, e não segundo o que os outros são."

Gracián, *A arte da prudência*

"Muitos quebram seus espelhos, porque eles lhes mostram sua feiura."

Gracián, *A arte da prudência*

"O que diz tua consciência? 'Deves te tornar o homem que és.'"

Nietzsche, *A gaia ciência*

"As consequências de nossas ações nos pegam pelos cabelos, sem se preocuparem em saber se nos 'corrigimos' nesse meio-tempo."

Nietzsche, *Além do bem e do mal*

"O homem nunca é menos ele mesmo do que quando fala por si próprio. Forneça-lhe uma máscara e ele dirá a verdade."

Oscar Wilde, *Aforismos*

"Sempre saímos da ambiguidade em detrimento próprio."

François Mitterrand

"Podemos enganar todos os homens, mas não a nós mesmos."

Cristina da Suécia, *Máximas*

"Toma cuidado para não perderes a ti mesmo ao abraçares as sombras."

Esopo, *Fábulas*

"Estamos tão acostumados a nos dissimularmos aos outros que no fim nos dissimulamos a nós mesmos."

La Rochefoucauld, *Reflexões ou sentenças e máximas morais*

"Uma justa apreciação do valor do que somos em nós mesmos e por nós mesmos, comparada ao que somos apenas aos olhos dos outros, contribuirá muito para nossa felicidade."

Schopenhauer, *Aforismos para a sabedoria de vida*

"Os mesmos defeitos que nos outros são pesados e insuportáveis em nós estão como que no centro; não pesam mais, não os sentimos. Aquele fala do outro e pinta um retrato horroroso, mas não vê que está pintando a si mesmo.

Nada nos corrigiria mais rapidamente de nossos defeitos do que se fôssemos capazes de confessá-los e reconhecê-los nos outros: é nessa justa distância que, aparecendo-nos tais como são, eles se fariam odiar tanto quanto o merecem."

La Bruyère, *Personagens ou costumes do século*

"A cada acontecimento, tem diante dos olhos aqueles que passaram pelas mesmas coisas; pensa, a seguir, naqueles que ficaram aflitos, espantados, queixosos. Onde eles estão agora? Em lugar nenhum. Então? Queres, tu também, fazer como eles? Não preferes deixar essas atitudes estrangeiras para os que as tomam e são tomados por elas e te dedicares por inteiro a saber te servir desses acontecimentos? Propõe-te apenas e tem a vontade de ser um homem de bem em tudo o que fazes. E lembra-te desta máxima: que não importa a circunstância da ação..."

Marco Aurélio, *Meditações*

"As chagas da consciência não cicatrizam."

Provérbio latino

Da coragem

Todos já dissemos um dia frases como "nunca vou conseguir", "nunca poderei fazer isso", "não tenho mais forças", "não quero mais". Todos tentamos recuar diante de um obstáculo que nos parecia intransponível, uma tarefa aparentemente árdua demais, pouco à vontade em nossas peles... "Uma montanha, por mais alta que seja, teme um homem lento", diz o provérbio chinês. Ou seja, nada é impossível àquele que se dedica e se arma de coragem. Cessemos de nos impor limites por falta de confiança e por falta de coragem. A coragem pode nos fazer multiplicar nossas forças, superar nossos limites e realizar aquilo que pensávamos impossível. É preciso aprender a vencer a si mesmo para realizar grandes coisas e tomar sua própria vida nas mãos.

"Se avanças, morres. Se recuas, morres. Então, por que recuar?"

Provérbio chinês

"A coragem cresce ousando; o medo, hesitando."

Provérbio latino

"Assim como aqueles que põem obstáculos no caminho em que avanças segundo a reta razão não poderiam te desviar de agir sensatamente, que eles não possam, da mesma forma, te desviar de ser bondoso para com eles! Mas mantém-te alerta para observar estas duas coisas: além de um julgamento e uma conduta inabaláveis, também uma inabalável suavidade para com aqueles que tentam pôr obstáculos em teu caminho ou te causar outros danos. Seria uma fraqueza ficar indignado com eles, bem como renunciar à ação e ceder ao temor. Igualmente desertores são aquele que treme e aquele que se faz estrangeiro àqueles que a natureza fez nossos parentes e amigos."

Marco Aurélio, *Meditações*

"Quem fez uma grande ação na vida não deve se satisfazer com ela. Não deve computá-la para nada, e tratar de se superar sempre. Devemos sempre estar pouco satisfeitos com nós mesmos, por mais contentes que os outros pareçam estar conosco."

Cristina da Suécia, *Máximas*

"O burro e a mula
   Um burro e uma mula caminhavam juntos. Constatando que seus fardos eram iguais, o burro indignado se queixou de que a mula, julgada digna de uma ração dupla, não tivesse um fardo mais pesado que o seu. Mas, assim que percorreram um pedaço do caminho, o dono do burro, constatando que o animal não aguentava mais, aliviou-o de uma parte de seu fardo e o colocou na mula; um pouco mais longe, vendo-o ainda mais exausto, descarregou-o mais um pouco e, por fim, tirou-lhe tudo e colocou sobre a mula. Esta, lançando um olhar para o companheiro, disse: "Então, não achas que mereço minha ração dupla?".
   Não devemos julgar as disposições de cada um pelo início, mas pelo fim."

Esopo, *Fábulas*

"O que é fácil deve ser empreendido como se fosse difícil, e o que é difícil, como se fosse fácil."

Gracián, *A arte da prudência*

"Como ter êxito numa ação que o temor condena assim que o espírito a concebe?"

Gracián, *A arte da prudência*

"As coisas precisam custar para serem estimadas."

Gracián, *A arte da prudência*

"A coragem é, depois da prudência, uma condição essencial para nossa felicidade. Por certo não podemos nos atribuir uma ou outra dessas qualidades; herdamos a primeira do pai e a segunda da mãe; no entanto, por meio de uma resolução bem tomada e por meio do exercício, conseguimos aumentar o tanto que possuímos. Na sociedade, onde o acaso é impiedoso, é preciso ter um caráter forte, blindado contra o destino e armado contra os homens. Pois toda essa vida não passa de um combate; cada passo é disputado, e Voltaire disse com razão: 'Só se vence neste mundo com a ponta da espada, e se morre com a arma na mão'. Só a alma covarde, assim que as nuvens se amontoam ou que mal são avistadas no horizonte, perde a coragem e geme."

Schopenhauer, *Aforismos para a sabedoria de vida*

"Se não quiserdes combater, tendes a permissão de fugir."

Sêneca, *Sobre a providência*

"Foge dos excessos de volúpia, foge dos gozos da moleza que embotam a alma fazendo-a naufragar no torpor de uma embriaguez permanente de onde nada vem trazê-la à percepção do destino humano! Vês esse homem que os vidros protegem das correntes de ar, que tem os pés mantidos no calor pela aplicação de cataplasmas constantemente trocados, que tem salas de jantar equipadas de circuitos de ar quente nas paredes ou sob o assoalho? A mais leve brisa lhe será fatal."

Sêneca, *Sobre a providência*

"Sem adversidade, a coragem enfraquece. Ela só brilha com toda a sua força, com todo o seu valor, quando os acontecimentos a solicitam. Podes ter certeza: o homem de bem deve seguir esse exemplo. Ele não deve temer nem o sofrimento nem a tristeza. Ele não deve se queixar do destino e, não importa o que aconteça, deve aceitá-lo e virar a seu favor qualquer aventura. O que conta não é o que se padece, mas a maneira de padecê-lo."

Sêneca, *Sobre a providência*

"Não temos força suficiente para seguir toda nossa razão."

La Rochefoucauld, *Reflexões ou sentenças e máximas morais*

"Se nos esforçássemos para ser um homem de honra tanto quanto nos esforçamos para parecer, nos tornaríamos um."

Cristina da Suécia, *Máximas*

"A indolência envelhece mais do que a idade."

Cristina da Suécia, *Máximas*

"Teríamos vergonha de nossas mais belas ações se o mundo visse todos os motivos que as produzem."

La Rochefoucauld, *Reflexões ou sentenças e máximas morais*

"Sinais de nobreza moral: nunca pensar em rebaixar seus deveres para transformá-los nos deveres de todo mundo, não abdicar de sua própria responsabilidade, não querer compartilhá-la, considerar seus privilégios e o exercício de seus privilégios como um de seus deveres."

Nietzsche, *Além do bem e do mal*

Não ser cínico ou saber maravilhar-se

"Os mais felizes são aqueles que, entre mil defeitos, veem primeiro a perfeição que ali se encontra por acaso."

Gracián, *A arte da prudência*

"O prazer da crítica nos retira o de sermos vivamente tocados por coisas belíssimas."

La Bruyère, *Personagens ou costumes do século*

"Aparecem de tempos em tempos na superfície da Terra homens raros, excelentes, que brilham pela virtude e cujas qualidades eminentes lançam um fulgor prodigioso. Semelhantes a essas estrelas extraordinárias cujas causas ignoramos, e sobre as quais sabemos menos ainda depois que desaparecem, eles não têm nem antepassados, nem descendentes: compõem, sozinhos, toda a sua raça."

La Bruyère, *Personagens ou costumes do século*

"As paixões são o sal da vida, que é insípida sem elas."

Cristina da Suécia, *Máximas*

"Sempre somos aprendizes na ciência da vida."

Cristina da Suécia, *Máximas*

"Só deveríamos nos espantar com o fato de ainda podermos nos espantar."

La Rochefoucauld, *Reflexões ou sentenças e máximas morais*

"Olha no fundo das coisas. Que a qualidade específica e o valor de nenhuma passem despercebidos para ti."

Marco Aurélio, *Meditações*

Da alegria

As personalidades alegres são fascinantes porque sempre encontram, mesmo em meio à adversidade, razões para se alegrar. É um verdadeiro talento saber ficar alegre em todas as circunstâncias. Decidir rir ainda é a melhor atitude a tomar para superar as dificuldades. Denota uma força de caráter e uma vitalidade pouco comuns. A capacidade de estar alegre dá uma aparência inesperada aos problemas: eles se nivelam sozinhos. Além disso, o riso e a alegria são a natureza do homem, usemos e abusemos desses formidáveis "desestressantes". Todos sabemos: um dia sem rir é um dia perdido.

"É preciso rir antes de ser feliz, por medo de morrer sem ter rido."
La Bruyère, *Personagens ou costumes do século*

"O mais perdido de todos os dias é aquele em que não rimos."
Chamfort, *Máximas e pensamentos*

"É preciso relativizar tudo, portanto, e não dramatizar nada: está mais de acordo com a natureza humana rir da vida do que chorar por ela."
Sêneca, *Da tranquilidade da alma*

"Sem contar que prestamos um serviço melhor ao gênero humano rindo do que nos lamentando: no primeiro caso, trazemos a esperança de melhorar, no segundo, deploramos de maneira estúpida o que desesperadamente gostaríamos de melhorar; para quem vê de fora, mostramos mais força de alma quando não contemos o riso do que quando não contemos as lágrimas, pois provocamos então apenas uma levíssima emoção; graças a tal trabalho sobre si mesmo, nada parece importante, sério, nem mesmo deplorável."
Sêneca, *Da tranquilidade da alma*

"Quando nos deixamos atormentar pelos males do outro, nos tornamos eternamente infelizes; quando nos deixamos divertir, nos entregamos a um prazer desumano."

Sêneca, *Da tranquilidade da alma*

"A substância não é suficiente, a circunstância também é necessária. Maneiras erradas estragam tudo, desfiguram até mesmo a justiça e a razão. Belas maneiras, ao contrário, suplantam tudo, ornam uma recusa, suavizam o amargo da verdade; retiram as rugas da velhice. O como faz muito em todas as coisas. Maneiras desenvoltas encantam os espíritos e constituem toda a beleza da vida."

Gracián, *A arte da prudência*

"Ela está feliz, pois o sol brilha, a chuva cai, o arco-íris estende suas cores e os pássaros cantam para ela. Seu sono é profundo e doce, seus olhos são alegres e vivazes, seu pão é delicioso! Ela não conhece o segredo de ficar descontente com o que possui."

Anônimo inglês

"A alegria, essa forma suprema de insolência e liberdade."

Anônimo

"Spinoza disse que não é possível que o homem não tenha paixões, mas que o sábio forma na alma tal amplidão de pensamentos felizes que suas paixões se tornam pequenas ao lado deles. Mesmo sem segui-lo por esses caminhos difíceis, podemos, à sua imagem, ter um grande volume de felicidades deliberadas, como música, pintura, conversas, que, comparativamente, deixarão bem pequenas nossas melancolias."

Alain, *Considerações sobre a felicidade*

"Um homem de talento e reputação, quando triste e austero, espanta os jovens, faz com que eles pensem mal da virtude e a torna suspeita de uma mudança grande demais e de uma prática tediosa demais. Quando, ao contrário, ele é de fácil frequentação, representa uma lição útil; ele ensina que podemos viver alegre e esforçadamente, ter visões sérias sem renunciar aos prazeres honestos; ele se torna um exemplo passível de ser seguido."

La Bruyère, *Personagens ou costumes do século*

"Mas aquilo que, acima de tudo, mais contribui diretamente para a nossa felicidade é o bom humor, pois essa boa qualidade encontra sua recompensa em si mesma. De fato, aquele que é alegre sempre tem motivo para sê-lo, justamente porque o é. Nada pode substituir mais completamente todos os outros bens do que essa qualidade, ao passo que ela mesma não pode ser substituída por nada. Que um homem seja jovem, bonito, rico e estimado; para poder julgar sua felicidade, a questão será saber se, além disso, ele é alegre; em contrapartida, se ele é alegre, então pouco importa que seja jovem ou velho, bem-apessoado ou corcunda, pobre ou rico; ele é feliz. Em minha juventude, um dia li num velho livro a seguinte frase: *Quem ri bastante é feliz e quem chora bastante é infeliz*; a frase é bastante tola, mas, por causa de sua verdade tão simples, nunca a esqueci, apesar de ela ser o superlativo de um truísmo. Portanto, devemos, sempre que ela se apresenta, abrir portas e janelas à alegria, pois ela nunca chega na hora errada, em vez de hesitar, como quase sempre fazemos, em admiti-la, querendo primeiro saber se realmente temos motivo para estarmos contentes, e em vez de termos medo que ela nos perturbe de meditações sérias ou de graves preocupações; no entanto, é bastante incerto que estas possam melhorar nossa condição, ao passo que a alegria é um benefício imediato. Somente ela, por assim dizer, é a moeda corrente da felicidade; todo o resto não passa de um recibo de banco; pois somente ela nos dá a felicidade no presente imediato."

Schopenhauer, *Aforismos para a sabedoria de vida*

"As personalidades sombrias e inquietas terão, na verdade, que suportar mais infelicidades e sofrimentos imaginários, mas, em contrapartida, menos infelicidades reais que as personalidades alegres e despreocupadas, pois aquele que vê tudo sob uma luz negra, que sempre sente apreensão e que, a seguir, age em decorrência disso não terá decepções tão frequentes quanto aquele que atribui a todas as coisas cores e perspectivas alegres."

Schopenhauer, *Aforismos para a sabedoria de vida*

"Assim, poderíamos dizer que os pássaros compartilham com o homem o privilégio de rir, recusado pela natureza aos outros animais; razão pela qual alguns pensam que o homem, que é definido como um animal inteligente ou sensato, poderia igualmente ser qualificado de animal que ri, visto que o riso não o caracteriza menos do que a razão. É por certo incrível que no fundo do homem, de todas as criaturas a mais miserável e a mais atormentada, resida a capacidade de rir, estranha a todos os outros animais. Incrível também é o uso que fazemos dessa capacidade, pois lançados no mais cruel infortúnio, oprimidos pela tristeza, enojados com a vida, convencidos da inanidade dos bens humanos, mais ou menos inacessíveis à alegria e privados de qualquer esperança, não deixamos de ser capazes de rir. Mais ainda: quanto menos eles ignoram a vacuidade desses bens, e a miséria da vida, menos eles são aptos de esperar e usufruir, e mais esses seres singulares se mostram suscetíveis de rir. Riso do qual é difícil definir e elucidar a natureza, os recursos profundos e os modos, principalmente no que diz respeito à alma, a menos que se diga que é uma espécie de loucura que não dura, ou mesmo de desordem e de delírio. Pois os homens, a quem nada pode de fato encantar e satisfazer, nunca podem ter um motivo pertinente e sensato para rir. Seria inclusive curioso entender por que e em que ocasião o homem utilizou e tomou consciência pela primeira vez desse poder."

Leopardi, *Elogio dos pássaros*

"Se os pássaros se mostram e são efetivamente mais alegres que os outros animais, não é sem razão. Na verdade, como indiquei no início, eles estão, por natureza, mais predispostos ao prazer e à felicidade. Primeiro, parecem ignorar o tédio; mudam de lugar a todo instante, passam de um país a outro, despreocupados com distâncias, alçando-se de uma só vez, com uma facilidade estupeficante, da altura do solo até as regiões mais altas do ar. Eles experimentam ao longo da vida uma infinidade de impressões diferentes; dissipam-se fisicamente e extravasam, por assim dizer, de vida exterior."

Leopardi, *Elogio dos pássaros*

"Não te dissipes tanto em tristeza insensata, mas fica em festa.
　Dá, no caminho da injustiça, o exemplo da justiça.
　Porque o fim deste mundo é o vazio,
　Supõe que não existas, e sê livre."

Khayyam, *Rubaiyat*

Da generosidade e da bondade

"A bondade facilita tudo, remedia tudo, ela nem sempre pressupõe que haja sabedoria, discrição, benevolência e capacidade; mas ela as fornece: ela nunca vê defeitos, porque evita de vê-los."

Gracián, *A arte da prudência*

"A generosidade sempre triunfou."

Gracián, *A arte da prudência*

"As árvores que não têm frutos e que não têm folhas em geral não têm coração."

Gracián, *A arte da prudência*

"Age sem má vontade, sem desprezo pelo interesse comum, sem irreflexão. Que nenhuma busca habite teu pensamento. Fala pouco e não participa de múltiplas ações. [...] É assim que adquirimos a serenidade, a arte de dispensar o auxílio de alguém, a arte de dispensar a tranquilidade que os outros proporcionam. É preciso ser reto, portanto, e não empolado."

Marco Aurélio, *Meditações*

"Vasculha o teu interior. Dentro de ti está a fonte do bem, uma fonte que pode jorrar sempre, se vasculhares sempre."

Marco Aurélio, *Meditações*

"A bondade é invencível quando é sincera, sem fingimento e sem hipocrisia. O que poderá te fazer, de fato, o mais violento dos homens se continuares bondoso para com ele e se, na hora, o exortares à doçura e se, no exato momento em que ele tenta te fazer mal, começares tranquilamente a fazê-lo mudar de ideia: 'Não, meu filho. Nascemos para outra coisa. Não é a mim que causarás algum mal, é a ti mesmo, meu filho'. E mostra-lhe com habilidade, de um ponto de vista geral, que assim é e que nem as abelhas, nem qualquer dos animais nascidos para viver em rebanhos, agem como ele. É preciso dar-lhe essa lição sem ironia, sem acrimônia, mas com afeto e sem rancor no fundo da alma, e não como um professor, nem para seres admirado por uma testemunha; dirige-te a ele apenas, mesmo que haja pessoas em volta."

Marco Aurélio, *Meditações*

"Somos mais sociáveis e de melhor comportamento pelo coração do que pelo espírito."

La Bruyère, *Personagens ou costumes do século*

"Não existe mais belo excesso no mundo do que o da gratidão."

La Bruyère, *Personagens ou costumes do século*

"Não há nada mais raro que a verdadeira bondade; os mesmos que pensam tê-la em geral só têm complacência ou fraqueza."

La Rochefoucauld, *Reflexões ou sentenças e máximas morais*

Do bom humor

E se parássemos de passar nossos dias reclamando e resmungando? A vida nem sempre é engraçada, por certo, e manter o bom humor quando se precisa pegar o metrô pela manhã, trabalhar e chegar inteiro ao fim do mês é mais fácil de dizer do que de fazer! No entanto, todos já observamos que, quando estamos com um humor jovial, a vida nos parece mais bela e mais simples. O esforço que fazemos para sermos mais agradáveis traz consequências para nós e para os que nos cercam: por uma espécie de mimetismo, os outros se tornam mais amáveis, mais sorridentes e mais relaxados quando nos dirigimos a eles. E não sem motivo, pois "o bom humor é o ímã dos corações", lembrou Gracián.

"Ao amanhecer, quando te é difícil despertar, traz esse pensamento à mente: é para agir enquanto homem que estou acordando. Manterei o mau humor, se vou fazer aquilo para o qual nasci e em vista do qual fui colocado no mundo? Ou terei sido formado para permanecer deitado e me manter no calor embaixo das cobertas?"

Marco Aurélio, *Meditações*

"Ser senhor de si e não se deixar levar por nada; bom humor em todas as circunstâncias, mesmo na doença; a feliz mistura, no caráter, de doçura e suavidade, a realização sem dificuldades de todas as tarefas..."

Marco Aurélio, *Meditações*

"O humor jovial
É uma perfeição, mais que um defeito, quando não há excesso. Um grão de diversão muda tudo. Os homens mais importantes se entusiasmam como os outros, para atrair a bondade universal, mas com a diferença de que sempre dão preferência à sabedoria, ao respeito e à decência. Outros se safam com uma palavra de bom humor, pois há coisas que é preciso considerar rindo, às vezes as mesmas que o outro considera com seriedade. Um humor como esse é o ímã dos corações."

Gracián, *A arte da prudência*

"O capricho de nosso humor é ainda mais estranho que o do acaso."

La Rochefoucauld, *Reflexões ou sentenças e máximas morais*

"Há lugares que admiramos; há outros que nos comovem, e onde gostaríamos de viver. Parece-me que dependemos dos lugares para o espírito, o humor, a paixão, o gosto e os sentimentos."

La Bruyère, *Personagens ou costumes do século*

"A melhor maneira de reduzir a zero os esforços dos impertinentes, que só têm espírito à custa dos outros, é antecipá-los começando por zombar de nós mesmos. Nunca levamos a rir quando somos os primeiros a rir de nós mesmos."

Sêneca, *A constância do sábio*

"Um bom caráter, moderado e doce, poderá se satisfazer na indigência, enquanto nem todas as riquezas do mundo poderão satisfazer um caráter ávido, invejoso e mau. Quanto ao homem dotado permanentemente de uma individualidade extraordinária, intelectualmente superior, ele pode dispensar a maioria desses prazeres aos quais o mundo em geral aspira; mais que isso, para ele, não passarão de uma perturbação e de um fardo."

Schopenhauer, *Aforismos para a sabedoria de vida*

"A impaciência de um homem e seu humor às vezes são consequência de ele ter ficado tempo demais em pé; não argumente contra seu humor, ofereça-lhe um assento."

Alain, *Considerações sobre a felicidade*

"Um sorriso nos parece pouco e sem efeito sobre o humor; por isso não o experimentamos. Mas a cortesia, obtendo de nós um sorriso e a graça de uma saudação, com frequência muda tudo."

Alain, *Considerações sobre a felicidade*

DA MODÉSTIA E DA MODERAÇÃO

"A modéstia é para o mérito o mesmo que as sombras são para as figuras de um quadro: ela lhe dá força e profundidade."

La Bruyère, *Personagens ou costumes do século*

"Um homem honesto se contenta com a execução de seu dever pelo prazer que sente em realizá-lo, e se desinteressa dos elogios, da estima e do reconhecimento que às vezes lhe faltam."

La Bruyère, *Personagens ou costumes do século*

"Se desempenhares um papel acima de tuas forças, além de fazeres triste figura, deixas de lado aquele que poderias ter desempenhado."

Epicteto, *Manual de Epicteto*

"Nas conversas, evita lembrar com frequência e sem comedimento tuas ações e os perigos que correste. Apesar de te ser agradável, de fato, lembrar os perigos que enfrentaste, para os outros não é igualmente agradável ouvir o que te aconteceu."

Epicteto, *Manual de Epicteto*

"A mulher e a galinha
Uma viúva tinha uma galinha que botava um ovo por dia. Ela pensou que, se lhe desse mais grãos, a galinha poria dois ovos por dia; assim, aumentou sua ração. Mas a galinha engordou e não conseguiu pôr nem o ovo diário.
A fábula mostra que cobiçar mais do que se tem faz perder até o que possuímos."

Esopo, *Fábulas*

"A tartaruga e a lebre
A tartaruga e a lebre disputaram um prêmio de velocidade. Combinaram uma data e um local para uma corrida e se separaram. A lebre, que contava com sua velocidade natural, não se preocupou com a corrida e deitou à beira da estrada para uma sesta; a tartaruga, por sua vez, consciente de sua lentidão, correu sem parar e ultrapassou a lebre adormecida, obtendo a vitória e o prêmio.
A fábula mostra que muitas vezes o esforço triunfa sobre um dom natural negligenciado."

Esopo, *Fábulas*

"Um sábio compreendeu toda a sabedoria no seguinte preceito: 'nada demais'. Uma justiça exata demais degenera em injustiça. A laranja espremida demais dá um suco amargo. No próprio prazer, nunca se deve ir a um dos extremos. Até o espírito se exaure de tanto se refinar. De tanto querer tirar leite, tiramos sangue."

Gracián, *A arte da prudência*

"Vi, no mundo, sacrificarem constantemente a estima das pessoas honestas à deferência, e o repouso à celebridade."

Chamfort, *Máximas e pensamentos*

"A moderação é o temor de cair na inveja e no desprezo merecido por aqueles que se embriagam de suas felicidades; é uma vã ostentação da força de nosso espírito; por fim, a moderação dos homens em suas mais altas elevações é um desejo de parecerem maiores que suas fortunas."

La Rochefoucauld, *Reflexões ou sentenças e máximas morais*

"Aquele que pensa encontrar em si mesmo o suficiente para não precisar de ninguém muito se engana; mas aquele que acredita que ninguém pode ficar sem ele se engana ainda mais."

La Rochefoucauld, *Reflexões ou sentenças e máximas morais*

Do prazer

Os prazeres não são a felicidade. Mas sua justaposição cria pequenas alegrias sucessivas que acabam se assemelhando a uma grande felicidade. Portanto, é urgente aprender a ter prazer.

"Não há prazer que não possamos nos dar." Para ser feliz, portanto, é necessário saber pensar em si. Como disse Valéry, é preciso "se preferir".

"Não é possível viver com prazer sem viver de maneira prudente, boa e justa."

Epicuro, *Sentenças vaticanas*

"Nenhum prazer é um mal em si; mas as causas produtoras de certos prazeres trazem consigo muito mais perturbações do que prazeres."

Epicuro, *Máximas capitais*

"A maior perfeição da alma é ser capaz do prazer."

Vauvenargues, *Réflexions et maximes*

"A brevidade do gozo é às vezes recompensada pela qualidade do prazer."

Gracián, *A arte da prudência*

"Tal como forem teus pensamentos, tal será tua inteligência, pois a alma se colore por efeito dos pensamentos. Colore-a, portanto, com uma atenção contínua a pensamentos como esse: onde é possível viver, também é possível viver bem."

Marco Aurélio, *Meditações*

"Há certos bens que desejamos com ardor e cujo pensamento nos enleva e nos transporta: quando nos acontece de obtê-los, nós os sentimos mais tranquilamente do que pensávamos e gozamos deles menos do que aspiramos a bens ainda maiores."

La Bruyère, *Personagens ou costumes do século*

"Liberdade não é ociosidade; é um uso livre do tempo, é a escolha pelo trabalho e pelo exercício. Ser livre, em suma, não é fazer nada, é ser o único árbitro do que se faz e do que não se faz. Nesse sentido, que bem é a liberdade!"

La Bruyère, *Personagens ou costumes do século*

"O prazer é a única coisa pela qual vale a pena viver. Nada envelhece tanto quanto a felicidade."

Oscar Wilde, *Aforismos*

"A vida zomba de nós com sombras, como um titereiro. Nós lhe pedimos prazer. Ela o concede, mas a amargura e o desapontamento o sucedem. Encontramos em nosso caminho um nobre triste que trará, pensamos, a imensa dignidade da tragédia a nossos dias, mas ele desaparece, coisas menos nobres o substituem e um dia, diante de uma aurora cinzenta e ventosa, ou diante do silêncio prateado de uma noite perfumada, nos vemos olhando com impiedosa surpresa, ou com um coração pesado e de pedra, a trança de cabelos dourados que outrora havíamos amado com tanto ardor e abraçado com tanta paixão."

Oscar Wilde, *Aforismos*

"É preciso amar os prazeres; devemos usufruí-los, mas devemos saber dispensá-los."

Cristina da Suécia, *Máximas*

"As pessoas que se divertem demais se entediam."

Cristina da Suécia, *Máximas*

"Os prazeres de longa duração não são mais prazeres."

Cristina da Suécia, *Máximas*

"Os prazeres cansam mais que os negócios."

Cristina da Suécia, *Máximas*

"Tememos todas as coisas como mortais, e desejamos todas as coisas como imortais."

La Rochefoucauld, *Reflexões ou sentenças e máximas morais*

"O avaro

Depois de converter todos os seus bens em dinheiro, um avaro comprou uma barra de ouro que escondeu numa muralha, onde ia sempre contemplá-la. Um dos operários dos arredores, porém, que havia observado suas idas e vindas e adivinhara o motivo de seu retorno ao local, esperou que ele se afastasse e roubou a barra de ouro. Pouco depois, o avaro voltou à muralha; ao descobrir seu esconderijo vazio, caiu em prantos e arrancou-se os cabelos. Ao vê-lo em tal aflição, um passante lhe perguntou o motivo e então disse:

'Vamos, meu amigo, não te desespera: junta uma pedra, esconde-a no mesmo lugar e faz de conta que é teu ouro; pois na época em que ainda o tinhas, tampouco o usavas!'.
A fábula mostra que, sem o uso, a posse não é nada."

Esopo, *Fábulas*

Da cortesia

Quando somos educados, tudo fica mais fácil, tanto que a forma é – às vezes – quase tão importante quanto o conteúdo. Vale a pena sermos mais gentis, mais respeitosos com os outros e mais preocupados com as aparências. Ser cortês é colocar um pouco de óleo nas engrenagens da sociedade.

"A cortesia é uma moeda que não enriquece aquele que a recebe, mas aquele que a dá."

Provérbio persa

"A cortesia nem sempre inspira bondade, equidade, complacência, gratidão; ela ao menos as aparenta e faz o homem parecer por fora como ele deveria ser por dentro.

Podemos definir o espírito de cortesia, não podemos fixar sua prática: ela segue o uso e os costumes recebidos; está ligada ao tempo, ao local, às pessoas, e não é a mesma para os dois sexos, nem para as diferentes condições; o espírito sozinho não pode adivinhá-la: ele faz com que a sigamos por imitação e com que nos aperfeiçoemos nela. Há temperamentos que só são sensíveis à cortesia; e há outros que só servem aos grandes talentos ou a uma virtude sólida. É verdade que maneiras corteses dão livre curso ao mérito e o tornam agradável; e é preciso ter qualidades muito eminentes para se sustentar sem a cortesia.

Parece-me que o espírito de cortesia é uma certa atenção de fazer com que por nossas palavras e por nossas maneiras os outros fiquem contentes conosco e consigo mesmos."

La Bruyère, *Personagens ou costumes do século*

"A cortesia repousa numa convenção tácita de não observarmos uns nos outros a miséria moral e intelectual da condição humana e de não a censurarmos mutuamente; disso resulta, para benefício das duas partes, que ela aparece menos facilmente.

Cortesia é prudência; descortesia é tolice, portanto: granjear-se inimigos por grosseria, sem necessidade e com alegria no coração é demência; é como se ateássemos fogo a nossa casa. Pois a cortesia é uma moeda notoriamente falsa: poupá-la é prova de desrazão; usá-la com liberalidade, de razão."

Schopenhauer, *Aforismos para a sabedoria de vida*

"Quando você se inclinar, incline-se profundamente."

Provérbio chinês

"A cortesia é para o espírito o mesmo que a graça é para o rosto."

Voltaire, *Stances*

DA PRUDÊNCIA

Nunca somos prudentes demais. Nem previdentes demais. Um gesto de desatenção, palavras irrefletidas, um engano, um momento de cólera podem arruinar muitos planos e projetos. "Eu deveria ter...", "Faltou...", essas frases de decepção com frequência são consequência de atos irrefletidos ou precipitados. Portanto, é preciso refrear suas vontades, agir com discernimento e precaução, examinar as vantagens e os inconvenientes de cada situação. É necessário saber manter a reserva e a moderação. Melhor pecar por excesso de prudência do que simplesmente por excesso.

"Não devemos esperar nos afogar para pensarmos no perigo, é preciso nos antecipar e prevenir, por meio de considerações maduras, tudo o que pode acontecer de pior."

Gracián, A arte da prudência

"Os caprichos das paixões são como passos em falso que fazem a prudência tropeçar; aí está o perigo de se perder. Um homem se compromete mais num momento de furor ou de prazer do que em várias horas de indiferença. Às vezes, uma pequena escaramuça custa um arrependimento que dura a vida toda."

Gracián, *A arte da prudência*

"Para viver com uma *prudência* perfeita e para obter de sua própria experiência todos os ensinamentos que ela contém, é necessário olhar com frequência para trás e recapitular o que vimos, fizemos, aprendemos e sentimos na vida; também é preciso comparar nosso julgamento de outrora com nossa opinião atual, nossos projetos e nossas aspirações com seu resultado e com a satisfação que esse resultado nos trouxe. A experiência faz as vezes, portanto, de professor que vem nos dar aulas particulares."

Schopenhauer, *Aforismos para a sabedoria de vida*

"O rato nunca confia seu destino a um único buraco."

Provérbio latino

"A raposa e o bode no poço
    Uma raposa caiu num poço e se viu obrigada a ficar lá dentro, pois não conseguia subir. Um bode com sede foi ao mesmo poço; avistando a raposa, perguntou-lhe se a água estava boa. Fingindo

alegria em seu infortúnio, a raposa fez um longo elogio da água, dizendo que estava excelente e convidou o bode a descer, por sua vez. Dando ouvidos apenas a seu desejo, o bode mergulhou sem pensar; depois que matou a sede, procurou, com a raposa, meios de subir. A raposa lhe disse que tinha uma ideia que poderia salvar a ambos: 'Apoia tuas patas da frente na parede e inclina teus chifres: subirei em tuas costas e depois te puxarei'. O bode concordou de bom coração; a raposa, em três saltos subiu nas costas do bode, apoiou-se nos chifres, chegou à boca do poço e fez menção de partir. O bode censurou-a por não respeitar o acordo, e a raposa se virou e disse: "Meu caro, se tivesses tanto cérebro quanto barba no queixo, não terias descido sem primeiro pensar numa maneira de tornar a subir!".

O mesmo se dá com os homens: quando se é sensato, convém examinar a saída de um empreendimento antes de se entregar a ele."

Esopo, *Fábulas*

"É preciso gerir a Fortuna como a saúde: aproveitar quando é positiva, pacientar quando é negativa, e nunca usar grandes remédios sem extremo cuidado."

La Rochefoucauld, *Reflexões ou sentenças e máximas morais*

"Neste mundo, é melhor que faças poucos amigos;
   Só sai de ti mesmo para breves encontros,
   Aquele cujo braço te parece um apoio,
   Examina-o bem, toma cuidado."

Khayyam, *Rubaiyat*

"Sê prudente: a fortuna é incerta;
   Toma cuidado: o gládio do destino é afiado.
   Se o destino coloca amêndoas doces em tua boca
   Não as engula; há veneno misturado."

Khayyam, *Rubaiyat*

"Quem está sempre pronto para falar está sempre pronto para ser vencido, e convencido."

Gracián, A arte da prudência

"As coisas não passam pelo que são, mas pelo que parecem ser. Saber fazer, e demonstrá-lo, é o duplo saber."

Gracián, A arte da prudência

"Os navegadores
Algumas pessoas embarcaram num barco e içaram a vela. Quando chegaram a alto-mar, uma grande tempestade começou e ameaçou afundar a embarcação. Um dos passageiros, rasgando suas roupas, invocou com gritos e gemidos os deuses de sua pátria, aos quais prometeu ex-votos se eles escapassem. A tempestade cessou, a calmaria voltou: então os passageiros festejaram, dançaram, pularam, como pessoas que se safaram de um imprevisto perigoso. O comandante, porém, homem de caráter bastante enérgico, disse: 'Alegremo-nos, meus amigos, mas como pessoas que talvez enfrentem outra tempestade!'.
A fábula ensina a não nos deixarmos perder a cabeça pelos favores do acaso, sobre cuja inconstância é preciso meditar."

Esopo, Fábulas

DA SAÚDE

Uma boa saúde é a chave de tudo. Não é por acaso que os votos de saúde veem sempre em primeiro lugar quando desejamos um feliz Ano-Novo. Tampouco é por acaso que a primeira coisa que perguntamos a alguém, logo depois de cumprimentá-lo, é "Tudo bem?". "Preciosa é a saúde, cuja felicidade só conhecemos depois de tê-la perdido", escreveu Madame de Sévigné. "Sem a saúde, não podemos fazer nada... Em suma, não ter saúde é não viver."

De fato, a saúde é tudo, e pode tudo. Por isso precisamos poupá-la e sermos prudentes. Hoje em dia, isso envolve cuidados básicos e repetidos, como não ter relações sexuais sem preservativos, reduzir o consumo de cigarros ou álcool. Pois quando começamos a perder a saúde é nossa moral que perdemos. E, por encadeamento, nossa vida. "Tudo deve ceder o passo à saúde", enfatizou com sabedoria Schopenhauer.

"A saúde acima de tudo é tão mais importante que os bens exteriores que na verdade um mendigo saudável é mais feliz que um rei doente."

Schopenhauer, *Aforismos para a sabedoria de vida*

"É certo, aliás, que nada contribui menos para a alegria que a riqueza, e que nada contribui mais que a saúde; é nas classes inferiores, entre os trabalhadores e especialmente entre os trabalhadores da terra, que encontramos rostos alegres e contentes; nos ricos e nos grandes, dominam os rostos tristes. Deveríamos, consequentemente, tentar acima de tudo conservar esse estado perfeito de saúde, cuja floração é a alegria. Para isso, sabemos que é preciso fugir de todos os excessos e de todos os abusos, evitar todas as emoções violentas e penosas, bem como toda excessiva contenção de espírito, ou prolongada demais. Também é preciso tirar, todos os dias, no mínimo duas horas para exercícios rápidos ao ar livre, banhos frequentes de água fria e outras medidas do tipo. Não teremos saúde se não nos movimentarmos o suficiente todos os dias; todas as funções da vida, para acontecerem adequadamente, exigem a movimentação dos órgãos nos quais elas se realizam e do corpo como um todo. Aristóteles disse com razão: 'A vida está no movimento'."

Schopenhauer, *Aforismos para a sabedoria de vida*

"Em tese, nove décimos de nossa felicidade repousam exclusivamente na saúde. Com ela, tudo se torna fonte de prazer; sem ela, ao contrário, não poderíamos experimentar um bem externo, seja qual fosse sua natureza; mesmos os outros bens subjetivos, como as qualidades da inteligência, do coração, do caráter, são diminuídos e estragados pelo estado de doença. Assim, não é sem razão que nos informemos mutuamente sobre nosso estado de saúde e que desejemos reciprocamente que ela continue, pois é de fato isso que existe de mais essencialmente importante para a felicidade humana. Segue-se disso que constitui a mais insigne loucura sacrificar a própria saúde ao que quer que seja, riqueza, carreira, estudos, glória e, principalmente, à volúpia e aos prazeres fugidios. Ao contrário, tudo deve ceder o passo à saúde."

Schopenhauer, *Aforismos para a sabedoria de vida*

"Quando nosso corpo todo está sadio e intacto, menos um pequeno lugar ferido ou doloroso, a consciência cessa de perceber a saúde do todo; a atenção se dirige por inteiro para a dor da parte lesada, e o prazer, determinado pelo sentimento total da existência, se apaga. Da mesma forma, quando todos os nossos negócios avançam a nosso favor, menos um único que vai contra nós, este, por menor que seja sua importância, preocupa constantemente nossa mente, é para ele que nosso pensamento nos leva sempre, raramente a outras coisas, mais importantes, que avançam a contento. Nos dois casos, a *vontade* é lesada, na primeira vez tal como ela se *objetiva* no organismo, na segunda, nos esforços do homem."

Schopenhauer, *Aforismos para a sabedoria de vida*

"Quando nos portamos bem, somos jovens; quando nos portamos mal, somos velhos, não importa nossa idade."

Cristina da Suécia, *Máximas*

"O vigor e a saúde da alma e do corpo são a verdadeira juventude; qualquer outra é imaginária."

Cristina da Suécia, *Máximas*

"A vida não pode ser agradável sem a perfeita saúde e o vigor da alma e do corpo."

Cristina da Suécia, *Máximas*

SUPORTAR A DOENÇA

"A doença chega a cavalo e vai embora a pé", diz uma máxima latina que nos lembra da fragilidade de nossa saúde e da necessidade de preservá-la. Aqui vão algumas reflexões para ajudar a suportar a provação da doença.

"A doença é um entrave para o corpo, mas não para a vontade, se ela não quiser. Mancar é um entrave para as pernas, mas não para a vontade. Pensa o mesmo a cada acidente e verás que ele é um entrave para alguma outra coisa, mas não para ti."

Epicteto, *Manual de Epicteto*

"O homem que sofre espera, como a uma felicidade maravilhosa, o estado medíocre que, na véspera, fazia seu infortúnio. Somos mais sábios do que pensamos."

Alain, *Considerações sobre a felicidade*

AS REGRAS PARA FORTALECER A SAÚDE SEGUNDO SCHOPENHAUER

"Para nos fortalecermos, é preciso, enquanto gozamos de boa saúde, submeter o corpo todo, e cada uma de suas partes, a muito esforço e fadiga, e acostumar-se a resistir a tudo o que pode afetá-lo, por mais rudemente que seja. Assim que se manifesta, ao contrário, um estado mórbido, seja do todo, seja de uma das partes, devemos recorrer imediatamente ao procedimento oposto, ou seja, cuidar e tratar do corpo ou de sua parte doente: pois o que está sofrendo e enfraquecido não é suscetível de fortalecimento.

Os músculos se fortalecem; os nervos, ao contrário, se enfraquecem com um uso intenso. Convém, portanto, exercitar os primeiros com todos os esforços convenientes e poupar todo esforço aos segundos; consequentemente, preservemos nossos olhos da luz intensa demais, principalmente quando refletida, contra todo esforço durante o meio-dia, contra a fadiga de olhar tempo demais objetos pequenos demais; preservemos também nossos ouvidos de ruídos altos demais, mas principalmente evitemos a nosso cérebro toda tensão forçada, sustentada demais ou intempestiva; consequentemente, é preciso deixá-lo repousar durante a digestão, pois nesse momento essa mesma força vital que, no cérebro, forma os pensamentos, trabalha com todas as suas forças no estômago e nos intestinos, preparando o quimo e o quilo; ele também precisa repousar durante e depois de um trabalho muscular considerável. Pois, para os nervos motores, assim como para os nervos sensitivos, as coisas acontecem da mesma maneira, e, da mesma forma que a dor sentida num membro lesionado tem seu verdadeiro assento no cérebro, não são os braços e as pernas que se movem e trabalham, mas o cérebro, quer dizer, a porção do cérebro que, por intermédio da medula oblonga e da medula espinhal, excita os nervos desses membros e os faz se moverem. Por consequência, também, a fadiga que sentimos nas pernas ou nos braços tem seu assento real no cérebro: por isso os membros cujo movimento está submetido à vontade, quer dizer, parte do cérebro, são os únicos que se cansam, enquanto os que trabalham involuntariamente, como o coração, são infatigáveis. É claro, portanto, que exigir do cérebro atividade muscular energética e tensão do espírito, simultaneamente ou após um curto intervalo, é prejudicar o cérebro."

Schopenhauer, *Aforismos para a sabedoria de vida*

"Mas é preciso dar ao cérebro a plena dose de sono necessária a sua recuperação, pois o sono é para o conjunto do homem o mesmo que a remontagem é para o pêndulo."

Schopenhauer, *Aforismos para a sabedoria de vida*

Da sabedoria

O que é um sábio? Um buda em contemplação? Um asceta? Um monge em isolamento? Se esse fosse o caso, poucos de nós poderiam aspirar à sabedoria. Não, dizem os filósofos, o sábio é ao mesmo tempo muito mais simples e muitos mais complicado que isso. É aquele que se satisfaz com seu destino. Alguém que vive sem preconceito, que aceita os acontecimentos sobre os quais nada pode fazer, que se esforça em progredir corrigindo suas fraquezas é sábio. Sábio é aquele que sabe se retirar do tumulto exterior e buscar em si as fontes para alcançar uma forma de serenidade. Da mesma forma que aquele que cumpre com seriedade tudo o que tem para fazer. A sabedoria é um estado de espírito. "Quem diz sábio, diz feliz", resumiu Madame du Châtelet.

"O sábio, que se formou diante das necessidades, está mais inclinado a compartilhar o que tem do que a receber a parte de outro. Tão grande é o tesouro que ele descobriu na autossuficiência."

Epicuro, *Sentenças vaticanas*

"A vida de Epicuro, comparada à vida dos outros homens, poderia ser considerada, em razão da doçura e de sua autossuficiência, uma fábula."

Epicuro, *Sentenças vaticanas*

"Quando te impacientas com alguma coisa, esqueces que tudo acontece de acordo com a natureza universal; que o erro cometido não te concerne e que tudo o que acontece sempre aconteceu assim, acontecerá de novo e acontece em toda parte, mesmo agora."

Marco Aurélio, *Meditações*

"Lembra-te de que tudo o que acontece, acontece adequadamente. Verás isso, se observares com exatidão. Não digo apenas: acontece *segundo a causa*, mas *sempre segundo a justiça*, como se determinado a cada um segundo seu mérito. Continua, portanto, a observar como começaste, e, aquilo que fazes, faze-o com o pensamento de ser um homem de bem, segundo a ideia que constitui verdadeiramente o homem de bem. Esse princípio, conserva-o em todas as tuas ações."

Marco Aurélio, *Meditações*

"Passa pela vida sem violência, a alma repleta de alegria, mesmo que todos os homens soltem contra ti os clamores que quiserem, mesmo que as feras rasguem em pedaços essa massa de carne que adensas a teu redor. Pois, em todos os casos, o que impede teu pensamento de manter a serenidade, de ter um julgamento verdadeiro sobre o que se passa a tua volta e de estar pronto a tirar partido do que vem a teu encontro? Que tua alma, portanto, enquanto puder julgar, diga ao que acontece: 'És isto por essência, apesar da opinião dos outros te fazer parecer diferente'. E que ela acrescente, enquanto puder tirar partido do que sobrevém: 'Eu ia a seu encontro, pois o presente sempre é para mim matéria de virtude sensata e social, e, em suma, matéria de obra humana ou divina'. Tudo o que acontece, de fato, se torna familiar a Deus ou ao homem; nada é novo ou difícil de manejar, tudo é comum e fácil de moldar."

Marco Aurélio, *Meditações*

"Cada um inveja a felicidade do outro, visto não estar contente com a sua. Os de hoje louvam as coisas de ontem e os daqui, as de lá. Todo o passado parece melhor e tudo o que está afastado é mais estimado. Tão louco quanto aquele que ri de tudo é aquele que se entristece com tudo."

Gracián, *A arte da prudência*

"Ser invulnerável não quer dizer nunca ser atacado, quer dizer não poder ser ferido. É isso que caracteriza o sábio, tal qual o entendo."

Sêneca, *A constância do sábio*

"O sábio é como os atletas que, graças a um treinamento prolongado e assíduo, adquirem uma resistência grande o suficiente para suportar sem trégua, e até desencorajá-las, todas as investidas do atacante."

Sêneca, *A constância do sábio*

"Eis a casa do sábio: pequena, sem luxo, sem barulho nem pompa; ela não é guardada por porteiros que filtram os visitantes com venal insolência, mas essa soleira, que não é protegida por nada nem ninguém, nunca é ultrapassada pela Fortuna: ela sabe que nada tem a fazer num lugar onde nada é para ela."

Sêneca, *A constância do sábio*

"A sabedoria é para a alma o mesmo que a saúde é para o corpo."

La Rochefoucauld, *Reflexões ou sentenças e máximas morais*

"O sábio persegue a ausência de dor, e não o prazer."

Aristóteles, *Ética a Nicômaco*

"O melhor de todos os homens é aquele que adquire por si mesmo toda a sua sabedoria, e que sabe prever que frutos uma conduta prudente acabará produzindo; aquele que segue bons conselhos também é louvável; mas aquele que não tem por si mesmo nenhuma inteligência e que não grava em sua alma as lições do outro, esse homem não presta."

Hesíodo, *Os trabalhos e os dias*

"Poucos são sábios o suficiente para preferir a crítica que lhes é útil ao elogio que os trai."

La Rochefoucauld, *Reflexões ou sentenças e máximas morais*

"Quem vive sem loucura não é tão sábio quanto pensa."

La Rochefoucauld, *Reflexões ou sentenças e máximas morais*

"Envelhecendo nos tornamos mais loucos, e mais sábios."

La Rochefoucauld, *Reflexões ou sentenças e máximas morais*

"O louco corre atrás dos prazeres da vida e encontra a decepção; o sábio evita os males."

Schopenhauer, *Aforismos para a sabedoria de vida*

"O sábio cura a ambição com a própria ambição; ele se dirige a coisas tão grandes que não pode se limitar ao que chamamos de tesouros, cargos, fortunas e favores: ele não vê em tão frágeis vantagens nada que seja bom e sólido o suficiente para preencher seu coração e para merecer seus cuidados e seus desejos; ele inclusive precisa se esforçar para não desdenhá-los demais. O único bem capaz de tentá-lo é o tipo de glória que deveria nascer da virtude pura e simples; mas os homens não a concedem, e ele a dispensa."

La Bruyère, *Personagens ou costumes do século*

"Um homem sábio não se deixa governar nem busca governar os outros: ele quer que a razão governe sozinha, e sempre."

La Bruyère, *Personagens ou costumes do século*

"O papel de um tolo é ser inoportuno: um homem hábil sente quando convém ou quando entedia; ele sabe desaparecer no momento anterior ao de se tornar demais em algum lugar."

La Bruyère, *Personagens ou costumes do século*

"A sábia conduta roda sobre dois eixos, o passado e o futuro. Aquele que tem a memória fiel e uma grande capacidade de prever está fora do perigo de censurar nos outros aquilo que talvez ele mesmo tenha feito, ou de condenar uma ação num caso semelhante e em todas as circunstâncias em que ela lhe for inevitável."

La Bruyère, *Personagens ou costumes do século*

"A meu ver, muitas pessoas teriam chegado à sabedoria se não tivessem acreditado já ter chegado, se não tivessem dissimulado alguns de seus defeitos ou se não tivessem deliberadamente fechado os olhos para os outros. Não devemos acreditar que as bajulações do outro nos sejam mais prejudiciais do que as que nós prodigalizamos. Quem ousa dizer-se a verdade? Quem, ao se encontrar no meio de um bando de bajuladores e de lisonjeadores, se priva de fazer mais ainda a seu favor?

Sêneca, *Da tranquilidade da alma*

"Também devemos saber acomodar; não nos coloquemos demais em nossos projetos, adaptemo-nos às situações em que o acaso nos coloca e não temamos mudar de opinião ou de atitude, desde que evitemos mergulhar na instabilidade, defeito particularmente prejudicial a nossa tranquilidade. De fato, enquanto o obstinado está atormentado e infeliz porque a Fortuna lhe arranca múltiplas concessões, o instável sofre ainda mais porque não encontra nenhum ponto de referência. A tranquilidade da alma tem dois inimigos: a incapacidade de mudar e a incapacidade de suportar."

Sêneca, *Da tranquilidade da alma*

Os preceitos do homem sábio segundo Sêneca

"1. Devemos proceder a nosso próprio exame antes de passar ao das tarefas que vamos empreender e, por fim, considerar aqueles para quem e com quem as empreenderemos.
2. Precisamos, em primeiro lugar, avaliar a nós mesmos, pois, em geral, superestimamos nossas capacidades: aquele fracassou por ter confiado cegamente em suas qualidades de orador, aquele exigiu de seu patrimônio mais do que ele podia suportar, outro arruinou sua saúde frágil por ter-lhe imposto uma tarefa acima de suas forças.
3. Alguns demonstram uma timidez pouco compatível com as responsabilidades públicas que necessitam de segurança; outros atestam uma obstinação pouco conveniente à corte; uns não conseguem dominar sua impulsividade, e o mínimo motivo de indignação os leva a palavras imprudentes; outros não conseguem conter seu humor e se deixam levar por zombarias perigosas: para todos, melhor manter-se afastado da vida pública do que empreendê-la. Uma natureza impetuosa e independente deve evitar tudo o que poderia aguçar, para seu prejuízo, seu senso de liberdade.
4. Devemos examinar se nossa natureza foi feita mais para a atividade política ou mais para o estudo retirado da vida pública e a contemplação, depois ir para o lado a que nos levar nossa personalidade: Isócrates retirou à força Éforo do fórum, acreditando que ele prestaria mais serviços escrevendo obras históricas. De fato, uma índole contrariada não produz nada de bom: quando a natureza opõe uma resistência, todos os esforços são vãos.
5. Precisamos a seguir avaliar a natureza específica de nossos empreendimentos e medir nossas forças com as tarefas que nos propomos efetuar: sempre é preciso ter em si mais recursos do que os exigidos pela obra a ser realizada; necessariamente quebramos a cara com tarefas acima de nossas forças.
6. Além disso, certos empreendimentos sem grande importância podem ter o peso de múltiplas complicações: desconfiemos daqueles que levarão a um novo problema de natureza complexa.

Não nos aventuremos em questões das quais não teríamos liberdade para voltar atrás, dediquemo-nos às que podemos terminar ou no mínimo esperar terminar; evitemos aquelas cujo fim nunca avistamos e que não se encerram onde pensávamos.

7. Devemos escolher com discernimento os homens, ver se eles merecem que lhes dediquemos uma parte de nossa vida, se eles têm consciência de que lhes sacrificamos nosso tempo: alguns, de fato, não hesitam em achar que deveríamos agradecer a eles pelo serviço que lhes prestamos!

8. Atenodoro dizia que não iria nem jantar na casa de alguém que não lhe fosse grato. Adivinhaste, tenho certeza, que ele iria menos ainda à casa de pessoas que se desobrigam dos serviços prestados pelos amigos convidando-os para jantar, contando os pratos como presentes, como se eles se dedicassem aos próprios excessos para honrar o outro! Priva-os de testemunhas e de espectadores, uma hospedaria discreta não teria esses favores!"

Sêneca, *Da tranquilidade da alma*

Da serenidade

"Não se deve estragar as coisas presentes com o desejo das ausentes, mas refletir no fato de que elas mesmas fizeram parte de coisas desejáveis."

Epicuro, *Sentenças vaticanas*

"Grandes virtudes são mais necessárias para sustentar a boa fortuna do que a má."

La Rochefoucauld, *Reflexões ou sentenças e máximas morais*

"Inútil tirar a espada para cortar a água; a água continuará correndo."

Li Bai

"Feliz é o homem a quem basta sua riqueza interior e que para sua diversão pede pouco, ou mesmo nada, ao mundo exterior, visto que esse enxerto é caro, humilhante, perigoso; expõe a contrariedades e, definitivamente, não passa de um mau substituto para a produção do solo próprio. Pois não devemos, em nada, esperar grande coisa do outro e do que vem de fora. Um indivíduo só pode ser para o outro uma coisa muito limitada; todos acabam sozinhos, e *quem está sozinho torna-se então a grande questão.*"

Schopenhauer, *Aforismos para a sabedoria de vida*

"Um temperamento calmo e sereno, proveniente de uma saúde perfeita e de uma feliz organização, de uma razão lúcida, vivaz, penetrante e justa, de uma vontade moderada e suave, e como resultado uma boa consciência, eis as vantagens que nenhuma posição e nenhuma riqueza poderiam substituir."

Schopenhauer, *Aforismos para a sabedoria de vida*

"Não existe caminho longo demais para quem avança lentamente e sem pressa; não existem vantagens distantes demais para quem se prepara para elas com paciência."

La Bruyère, *Personagens ou costumes do século*

"Nada do que acontece de fato tem a mínima importância."

Oscar Wilde, *Aforismos*

"O primeiro dom da natureza é a força da razão que se eleva acima de nossas próprias paixões e fraquezas, e que nos faz governar nossas qualidades, talentos e virtudes."

Chamfort, *Máximas e pensamentos*

"O fim supremo é viver segundo a natureza, ou seja, segundo a natureza e a do todo, não fazendo nada que seja proibido pela lei comum, a reta razão espalhada por todas as coisas [...]. A virtude do homem feliz e o curso bem ordenado da vida nascem da harmonia do gênio de cada um com a vontade daquele que tudo organiza."

Diógenes Laércio

Do silêncio

"O silêncio é um amigo que nunca trai."

Provérbio chinês

"O silêncio é o partido mais certo daquele que desconfia de si mesmo."

La Rochefoucauld, *Reflexões ou sentenças e máximas morais*

"Sempre ganhamos, ao calar, aquilo que não somos obrigados a dizer."

Provérbio chinês

"Mantém o silêncio na maioria das vezes. Diz apenas o necessário, e em poucas palavras. Se acontecer, raramente, porém, que se ofereça a ocasião de falar, fala, mas não sobre as primeiras coisas que te ocorram. Não fala de combates de gladiadores, de corridas do circo, de atletas, de comidas e bebidas, conversas correntes. Acima de tudo, não fales dos homens, seja para criticá-los, seja para louvá-los ou para compará-los."

Epicteto, *Manual de Epicteto*

"É uma grande miséria não ter espírito suficiente para falar bem, ou julgamento suficiente para calar. Eis o princípio de toda impertinência."

La Bruyère, *Personagens ou costumes do século*

"Raramente nos arrependemos de falar pouco, frequentemente nos arrependemos de falar demais: máxima conhecida e trivial que todos sabem e que ninguém pratica."

La Bruyère, *Personagens ou costumes do século*

"O silêncio é grande, todo o resto é fraqueza."

Vigny, *Les Destinées*

Da sinceridade

É difícil ser sincero. Exige coragem e, sem dúvida, uma boa dose de inconsciência. Porque a verdade, ao contrário do que afirma Eurípides, nem sempre é simples. Mesmo assim, dizer o que se pensa é o maior serviço que podemos prestar a nós mesmos e aos que amamos. A sinceridade é uma prova de amor e um ato de coragem.

Em sentido inverso, devemos aceitar a sinceridade de nossos próximos, mesmo se nem sempre for agradável de ouvir. É uma prova de confiança. Um presente que recebemos. É assim que deve ser considerada, com um agradecimento a quem a oferece.

"Um homem sincero na corte de um príncipe é um homem livre entre os escravos. Apesar de respeitar o Soberano, a verdade, em sua boca, sempre é soberana e, enquanto a massa de cortesãos é o joguete dos ventos que reinam e das tempestades que ribombam em volta do trono, ele é firme e inabalável, porque se apoia na verdade, que é imortal por sua natureza e incorruptível por sua essência."

Montesquieu, *Elogio da sinceridade*

"Feliz o príncipe que vive no meio de pessoas sinceras que se interessam por sua reputação e por sua virtude. Mas aquele que vive em meio a bajuladores é infeliz por passar a vida no meio de inimigos!

Sim! No meio de inimigos! E devemos considerar assim todos aqueles que não falam conosco com o coração aberto; que, como o Janus da fábula, sempre se mostram com dois rostos; que nos fazem viver numa noite eterna e nos cobrem com uma nuvem espessa para nos impedir de ver a verdade que se apresenta."

Montesquieu, *Elogio da sinceridade*

"Podemos mentir em palavras; mas a cara que fazemos mesmo assim diz a verdade."

Nietzsche, *Além do bem e do mal*

"Falar muito de si também pode ser uma maneira de se esconder."

Nietzsche, *Além do bem e do mal*

"Um pouco de sinceridade pode ser muito perigoso, muita sinceridade é totalmente fatal."

Oscar Wilde, *Aforismos*

"Somos obrigados a dizer a verdade, mas não somos obrigados a dizer todas as verdades."

Cristina da Suécia, *Máximas*

"As palavras sinceras não são elegantes; as palavras elegantes não são sinceras."

Provérbio chinês

"A sinceridade é uma abertura do coração. É encontrada em pouquíssimas pessoas; e aquela que vemos em geral não passa de uma fina dissimulação para atrair a confiança dos outros."

La Rochefoucauld, *Reflexões ou sentenças e máximas morais*

"O perfeito valor é fazer sem testemunhas aquilo que seríamos capazes de fazer na frente de todo mundo."

La Rochefoucauld, *Reflexões ou sentenças e máximas morais*

"Qualquer que seja a vergonha que mereçamos, quase sempre está em nosso poder restabelecer nossa reputação."

La Rochefoucauld, *Reflexões ou sentenças e máximas morais*

"A um homem de mérito custa fazer assiduamente a corte, mas por um motivo bastante oposto ao que poderíamos acreditar: ele não é tal homem sem uma modéstia tal, que o afasta de imaginar que faz o mínimo prazer aos príncipes quando se encontra na passagem deles, colocando-se diante de seus olhos e lhes mostrando o rosto; ele está mais perto de se convencer que os importuna, e precisa de todas as razões do costume e de seu dever para se decidir a se mostrar. Aquele, ao contrário, que tem uma boa opinião de si mesmo, e que o vulgo chama de glorioso, tem gosto por ser visto e faz a corte com tanta confiança porque é incapaz de imaginar que os grandes que o veem pensam outra coisa de sua pessoa."

La Bruyère, *Personagens ou costumes do século*

"Não faz nada em tua vida que te faça temer que teu vizinho tome conhecimento."

Epicuro, *Sentenças vaticanas*

"A hipocrisia é uma homenagem que o vício presta à virtude."

La Rochefoucauld, *Reflexões ou sentenças e máximas morais*

Do tempo presente

E se parássemos de adiar nosso bem-estar e nossa felicidade para amanhã? Se parássemos de querer sempre mais, de estar eternamente insatisfeitos? "O que passou, fugiu; o que esperas, está ausente; mas o presente é teu", lembra um provérbio árabe. Somente o momento presente nos pertence. Devemos tirar proveito e gozar dele plenamente. É nossa única e verdadeira riqueza e a única que temos a liberdade de controlar plenamente. "Cada dia separadamente é uma vida separada", disse Sêneca.

"O presente é uma poderosa divindade."

Goethe

"Sê feliz por hoje, não fales de ontem."

Khayyam, *Rubaiyat*

"A felicidade habita o presente, o mais cotidiano dos presentes. É preciso dizer: 'Tenho isso, estou feliz'. E mesmo: 'Apesar disso e daquilo, sou feliz'."

Giono, *La Chasse au bonheur*

"Vocês vivem como se fossem viver para sempre, sua fragilidade nunca lhes vem à mente, vocês não percebem quanto tempo já passou; vocês o perdem como se tivessem muito, ao passo que – até onde sabemos – talvez esses que vocês dão a alguém ou a alguma coisa sejam seus últimos dias. Assim como seus medos incessantes são de mortais, seus desejos incessantes são de imortais."

Sêneca, *Sobre a brevidade da vida*

"É preciso concorrer com a velocidade da passagem do tempo utilizando-o velozmente e, como numa corrente rápida e sazonal, gastá-lo vivamente."

Sêneca, *Sobre a brevidade da vida*

"Uma vida mais curta e turbulenta recai sobre aqueles que esquecem o passado, negligenciam o presente e temem o futuro: quando a última extremidade é alcançada, esses infelizes compreendem tarde demais que acreditaram o tempo todo estarem ocupados enquanto não faziam nada."

Sêneca, *Sobre a brevidade da vida*

"Por mais ocupados que sejamos, precisamos encontrar momentos de repouso, que devem ser empregados em tomar medidas para com nós mesmos, ou então para com Deus."

Cristina da Suécia, *Máximas*

"Devemos empregar com dignidade todos os momentos da vida, até o último."

Cristina da Suécia, *Máximas*

"É sempre bom não se precipitar."

Gracián, *A arte da prudência*

"A pronta execução é a mãe da boa fortuna. Aquele que fez muito é o que não deixou nada para o dia seguinte. Uma frase digna de Augusto: *Apressai-vos lentamente.*"

Gracián, *A arte da prudência*

"Não viver às pressas
    Saber dividir seu tempo é saber aproveitar a vida. Muitos ainda têm muito a viver e não têm mais motivos para viver contentes. Eles perdem os prazeres, pois não usufruem deles; e, quando estão bem à frente, gostariam de poder voltar para trás. São corredores da vida, que somam à corrida precipitada do tempo a impetuosidade de seus espíritos. Eles gostariam de devorar em um dia aquilo que levariam uma vida toda para digerir. Vivem os prazeres como

pessoas que querem experimentar todos de antemão. Comem os anos por vir e, como fazem tudo com pressa, em pouco tempo fizeram tudo. O próprio desejo de saber deve ser moderado, para não se saber imperfeitamente. Existem mais dias do que riquezas. Apressa-te em fazer e usufrui calmamente. Os negócios valem mais feitos do que a fazer, e o contentamento que dura é melhor do que aquele que acaba."

Gracián, *A arte da prudência*

"Aqueles que empregam mal seu tempo são os primeiros a se queixar de sua brevidade: como o consomem vestindo-se, comendo, dormindo, dando tolos discursos, decidindo o que devem fazer e, muitas vezes, não fazer, falta-lhes para os negócios ou para os prazeres; aqueles que, ao contrário, fazem um melhor uso de seu tempo o têm de sobra.

Não há ministro tão ocupado que não saiba perder a cada dia duas horas de tempo: o que soma muito ao fim de uma longa vida; e, se esse mal é ainda maior nas outras condições dos homens, que perda infinita não se faz no mundo de coisa tão preciosa, sobre a qual nos queixamos de não ter o suficiente!"

La Bruyère, *Personagens ou costumes do século*

"Um ponto importante para a sabedoria de vida é a proporção na qual dedicamos uma parte de nossa atenção ao presente e outra ao futuro, a fim de que um não estrague o outro. Muitas pessoas vivem demais no presente: são os frívolos; outras, demais no futuro: são os medrosos e os inquietos. É raro ter a justa medida. Os homens que, movidos por seus desejos e esperanças, vivem unicamente no futuro, os olhos sempre voltados para frente, correndo com impaciência ao encontro das coisas futuras, por pensarem que elas vão trazer-lhes mais tarde a verdadeira felicidade, mas que, enquanto isso, deixam fugir o tempo presente que negligenciam sem usufruir se assemelham aos burros que, na Itália, são apressados com um feixe de feno preso a um bastão à frente de suas cabeças: eles sempre enxergam o feno diante dos olhos e sempre têm esperança de alcançá-lo. Homens como esses na verdade iludem a si mesmos a respeito de sua existência, vivendo perpetuamente *ad interim* até a morte. Assim, em vez de nos ocuparmos exclusivamente de planos e cuidados para o futuro, ou de nos entregarmos, ao contrário, aos lamentos do passado, deveríamos nunca esquecer que somente o presente é real, que somente ele é certo e que o futuro, ao contrário, se revela quase sempre diferente do que pensávamos, e que o passado também foi diferente; o que faz com que, em suma, futuro e passado tenham bem menos importância do que pensamos."

Schopenhauer, *Aforismos para a sabedoria de vida*

"Somente o presente é verdadeiro e efetivo; ele é o tempo realmente preenchido, e é sobre ele que exclusivamente repousa nossa existência. Assim, ele sempre deve merecer nossas boas-vindas; deveríamos degustar, com a plena consciência de seu valor, qualquer hora como suportável e livre de contrariedades ou de dores atuais, ou seja, não perturbá-la com rostos que se entristecem, esperanças frustradas no passado ou apreensões em relação ao futuro. O que pode haver de mais insensato que desdenhar de uma boa hora presente ou estragá-la deliberadamente com preocupações sobre o futuro ou tristezas pelo passado?"

Schopenhauer, *Aforismos para a sabedoria de vida*

"Medita com frequência sobre a velocidade com que passam e se dissipam os seres e os acontecimentos. A substância é, de fato, como um rio, em perpétuo movimento; as forças estão submetidas a contínuas transformações, e as causas formais, a milhares de modificações. Quase nada é estável e eis, bem perto, o abismo infinito do passado e do futuro, onde tudo desaparece. Como não chamar de louco aquele que se enche de orgulho no meio desse turbilhão, que se atormenta ou se queixa, como se alguma coisa, por algum tempo e mesmo por muito tempo, pudesse perturbá-lo?"

Marco Aurélio, *Meditações*

"Mas lembra-te também que cada um vive apenas o momento presente e que esse momento só dura um instante; o resto foi vivido ou ainda é incerto. Pequeno, portanto, é o tempo que cada um vive; pequeno é o canto de terra onde vive e pequena também, mesmo a mais duradoura, é a glória póstuma."

Marco Aurélio, *Meditações*

"Nunca nos atemos ao tempo presente. Antecipamos o futuro como demorado demais a chegar, como para apressar seu curso, ou nos lembramos do passado para interrompê-lo como rápido demais, tão imprudentes que vagamos pelos tempos que não são nossos e não pensamos no único que nos pertence, tão em vão que pensamos nos que não são nada e escapamos sem reflexão ao único que existe. Porque o presente em geral nos fere. Nós o escondemos a nossos olhos porque ele nos aflige, e quando ele é agradável lamentamos por ter-lhe escapado. Tratamos de sustentá-lo com o futuro e pensamos dispor das coisas que não estão em nosso poder num tempo ao qual não temos nenhuma certeza de chegar.

Que cada um examine seus pensamentos. Ele os descobrirá ocupados com o passado ou com o futuro. Quase não pensamos no presente e, quando o fazemos, é apenas para tomar sua luz para dispor do futuro. O presente nunca é nosso fim. O passado e o presente são nossos meios; somente o futuro é nosso fim. Assim, nunca vivemos, mas esperamos viver, e dispondo-nos a ser felizes é inevitável que nunca o sejamos."

Pascal, *Pensamentos*

Notas biográficas

Aristóteles: filósofo grego, nascido em 384 a.c. Discípulo de Platão, foi preceptor de Alexandre, o Grande. Sua filosofia está baseada no racionalismo e no empirismo. Devemos a ele obras como *Ética a Nicômaco*, *História dos animais*, *Física*. Morreu em 322 a.C. em Cálcis, na ilha de Eubeia.

Chamfort: Sébastien Roch Nicolas, chamado Chamfort, nasceu em 1740. Moralista de espírito cáustico e muito zombeteiro, foi ao mesmo tempo mundano e misantropo. Deu livre curso a seu gosto por aforismos e por uma escrita ácida em suas *Máximas*, de surpreendente atualidade. Entusiasmado pela Revolução, mas hostil ao Terror, foi preso várias vezes e se suicidou em 1794.

Madame du Châtelet: nascida em 1706, a marquesa Émilie du Châtelet foi uma mulher erudita e apaixonada pelas ciências. Foi amante de Voltaire, com quem manteve uma longa ligação sentimental e intelectual. Em seu livro, *Discurso sobre a felicidade*, sugere preceitos para uma vida feliz, inspirada em sua própria vida. Morreu em 1749.

Cristina da Suécia: A rainha Cristina, filha do rei Gustavo II, da Suécia, veio ao mundo em 1626. Seu pai preparou-a para reinar com uma educação estrita e viril. Cansada do poder, abdicou depois de seis anos de reinado e, protestante de nascimento, se converteu ao cristianismo. Fervorosa admiradora de La Rochefoucauld, escreveu *Máximas* inspiradas na obra dele. Morreu em 1689, em Roma.

Confúcio: filósofo chinês nascido por volta de 555 a.C., Confúcio influenciou profundamente a civilização chinesa. Seu ensinamento está baseado na moral, no respeito aos costumes e na necessidade de ser virtuoso e moderado. Seus preceitos foram transcritos por seus discípulos em *Os analectos*.

Marceline Desbordes-Valmore: nascida em Douai, em 1786, Marceline Desbordes-Valmore é sem dúvida uma das maiores poetas do século XIX. Atriz, dedicou-se posteriormente à literatura escrevendo contos infantis e poemas. Com estilo melancólico e refinado, ela aborda suas dores, suas tristezas e sua veneração pelo amor. Publicou *Poésies* e *Poésies inédites*. Morreu em 1859, depois de perder quatro filhos.

Epicteto: nascido em 50, na Ásia Menor, Epicteto foi levado a Roma como escravo. Adepto da filosofia estoica, conta-se a seu respeito uma anedota famosa: a seu senhor, que torcia-lhe a perna com um instrumento de tortura, ele teria dito: "Vais quebrá-la", acrescentando, depois de realizada sua predição: "Eu não disse?". Depois de libertado, viveu na pobreza. Devemos a ele o *Manual de Epicteto* e as *Diatribes*. Morreu entre 125 ou 130.

Epicuro: filósofo grego fundador do epicurismo, nascido em 341 a.C. Fundou em 306 a.C. a escola O Jardim, onde ensinou seu pensamento baseado na noção de prazer e um modo de vida baseado na frugalidade e na amizade. A maior parte de suas obras desapareceu. Restam, hoje, apenas três cartas: *Carta a Heródoto*, *Carta a Meneceu* e *Carta a Pítocles*. Epicuro morreu em 270 a.C., aos setenta anos.

Esopo: fabulista grego nascido no século VI antes de nossa era, Esopo teve uma vida lendária e misteriosa. Escravo liberto, teria viajado para o Oriente Médio, depois para Atenas, Corinto e Delfos, antes de ser assassinado. Suas fábulas populares inspiraram as literaturas europeia e árabe. São relatos breves que colocam em cena personagens ou animais e que se encerram com uma lição de moral. La Fontaine se inspirou nelas para escrever suas próprias fábulas.

Gibran: poeta e pintor libanês, nascido em 1883, Khalil Gibran estudou em Paris e Boston. Começou a publicar seus poemas em 1904, num jornal árabe editado em Nova York, onde vivia. Sua obra pictórica é completada pela redação de livros, entre os quais: *O louco, O profeta, O jardim do profeta*, em que revela uma filosofia profunda e simples. Morreu em 1931.

Gracián: nascido no início do século XVII (1601), na Espanha, Baltasar Gracián y Morales foi um moralista religioso que ensinava as Sagradas Escrituras. Grande conhecedor da natureza humana, escreveu *A arte da prudência*, coletânea de máximas e reflexões sobre a moral e os comportamentos humanos. Morreu em 1658.

Hesíodo: ver página 64.

Khayyam: cientista e poeta persa nascido por volta de 1050, Omar Khayyam é conhecido principalmente por seus escritos científicos e poéticos. Escreveu tratados de álgebra e foi encarregado da reforma do calendário persa. Seus poemas, cheios de epicurismo, ceticismo e muitas vezes blasfemos (louvava a embriaguez e o amor), circularam clandestinamente por muito tempo e só conheceram a consagração no século XIX. Ele morreu em 1123.

La Bruyère: nascido em Paris, em 1645, Jean de La Bruyère era advogado. Graças a Bossuet, tornou-se preceptor do neto do príncipe de Condé. Frequentar a aristocracia lhe ofereceu um campo de observação que o inspirou a escrever os famosos *Personagens ou costumes do século*, em que deu livre curso a observações incisivas e a um estilo de grande realismo. Eleito para a Academia Francesa em 1693, morreu em 1696.

Lao-Tsé: filósofo chinês nascido por volta de 570 a.C., Lao-Tsé foi um dos pais do taoismo, cuja filosofia está baseada na não intervenção no curso natural das coisas e em sua aceitação. Trata-se de encontrar "a via" que permite alcançar a virtude e a felicidade.

Pouco se sabe sobre a vida de Lao-Tsé. Sua única obra é o *Tao Te Ching*. Ele morreu por volta de 490 a.C.

La Rochefoucauld: escritor e moralista, nascido em 1613, François de La Rochefoucauld foi preso por intriga contra Richelieu e foi exilado. Perdoado, frequentou a Corte e começou a escrever suas *Reflexões ou sentenças e máximas morais* por volta de 1658. Nelas, revelou um temperamento pessimista e denunciou o egoísmo que guiava os sentimentos e as relações sociais. Trabalhou nessa obra até o fim de seus dias, em 1680.

Marco Aurélio: imperador e filósofo romano, nascido em 121. Foi adotado pelo imperador Antonino, de quem foi o sucessor. Seu reinado foi marcado por inúmeras guerras contra os partas e os germanos. Adepto do estoicismo, escreveu suas famosas *Meditações* ao fim da vida. Elas são uma das últimas grandes obras do estoicismo antigo. Morreu em 180.

Montaigne: ver página 92.

Nietzsche: filósofo alemão, Friedrich Nietzsche recebeu uma educação luterana. Amigo de Wagner, descobriu a filosofia por volta dos vinte anos e se tornou professor na Universidade da Basileia. Suas obras são múltiplas e variadas: *A gaia ciência, Além do bem e do mal, Humano, demasiado humano, Assim falou Zaratustra*... Morreu em 1900, de sífilis.

Rainer Maria Rilke: poeta e escritor, nascido em Praga em 1875, Rainer Maria Rilke passou grande parte da vida viajando e escrevendo. De 1903 a 1908, manteve uma correspondência com um de seus admiradores, Franz Xavier Kappus, que lhe dirigiu seus primeiros poemas. Kappus publicou *Cartas a um jovem poeta* três anos depois de sua morte. Nelas, Rilke falou sobre a necessária solidão do criador e escreveu um guia espiritual de grande permanência. Morreu na Suíça, em 1926.

Schopenhauer: filósofo alemão, Arthur Schopenhauer nasceu em Gdańsk, em 1788. Vivendo como um eremita, profundamente pessimista, afastou-se da filosofia crítica de Kant e começou a escrever seus primeiros textos, nos quais critica a sociedade e preconiza o desenvolvimento da riqueza interior. *O mundo como vontade e representação* é considerada sua obra-prima. Morreu em 1860.

Sêneca: ver página 38.

Oscar Wilde: escritor inglês, nascido em 1854, Oscar Wilde se distinguia desde a juventude por suas roupas extravagantes. Publicou os primeiros poemas em revistas e elogios da "arte pela arte" que logo o tornaram conhecido em Londres, onde frequentava os salões mundanos. Devemos a ele *O retrato de Dorian Gray*. Julgado por homossexualidade ao longo de um processo estrondoso, foi condenado a trabalhos forçados. Morreu em Paris, em 1900. Os *Aforismos*, reflexos de seu pensamento e de seu espírito, foram publicados quatro anos depois de sua morte.